DU

PRIVILÉGE DU LOCATEUR

PAR

Jules-Etienne METMAN.

FACULTÉ DE DROIT DE DIJON

THÈSE POUR LE DOCTORAT

Soutenue le 23 avril 1868

SOUS LA PRÉSIDENCE DE M. SERRIGNY

DOYEN DE LA FACULTÉ

DIJON

IMPRIMERIE J. MARCHAND, RUE DES GODRANS, 11

1868

DU PRIVILÉGE DU LOCATEUR

DU

PRIVILÉGE DU LOCATEUR

Jules - Etienne METMAN.

FACULTÉ DE DROIT DE DIJON

THÈSE POUR LE DOCTORAT

Soutenue le 25 avril 1868

SOUS LA PRÉSIDENCE DE M. SERRIGNY

DOYEN DE LA FACULTÉ

IMPRIMERIE J. MARCHAND, RUE DES GODRANS, 41

1868

Parentibus et Amicis

TABLE

DU PRIVILÉGE DU LOCATEUR.

DU PRIVILÉGE DU LOCATEUR

Première Partie.

DROIT ROMAIN

Le droit romain reconnaissait des priviléges qui, comme ceux que nous rencontrons dans notre législation française, avaient pour motif la cause même de la créance : de là cette différence entre les créanciers hypothécaires et les créanciers privilégiés, que, tandis que c'est la date qui règle le rang des créanciers hypothécaires, c'est l'origine, la cause de la créance qui règle celui des privilégiés : *Privilegia non ex tempore æstimantur, sed ex causa; et si ejusdem tituli fuerint, concurrunt, licet diversitates temporis in his fuerint* (l. 32 D. *de Reb. auct. jud. pos.*, 42, 5). Toutefois, l'effet du privilége à Rome n'était pas toujours aussi absolu que chez nous. En effet, s'il y avait des créances privilégiées qui, comme les frais funéraires, primaient toutes les autres créances quelles qu'elles fussent (l. 45 D. *de Relig. et sumpt. fun.*, 11, 7), c'était l'exception, et en général le créancier privilégié passait après les hypo-

2

thécaires, et n'avait d'autre avantage que de ne pas obéir à la loi de la contribution et de primer les créanciers chirographaires. C'est là le principe qui est très-nettement posé dans la constitution qui forme la loi 9, au Code, *Qui potiores in pignore* (8, 18) : *Eos, qui acceperunt pignora, cùm in rem actionem habeant, privilegiis omnibus, quæ personalibus actionibus competunt, præferri constat.* Si à ces différents créanciers on joint les hypothécaires privilégiés, dont le droit était opposable même aux créanciers hypothécaires antérieurs, on arrive à reconnaître qu'il pouvait exister à Rome cinq classes de créanciers :

1° Au premier rang, les privilégiés du premier degré ;
2° Les créanciers hypothécaires privilégiés ;
3° Les créanciers hypothécaires ordinaires ;
4° Les créanciers chirographaires privilégiés ;
5° Les simples chirographaires.

Nous n'avons pas à énumérer les différents priviléges reconnus par la législation romaine et à rechercher l'étendue de chacun d'eux. Nous nous bornerons à étudier l'hypothèque tacite accordée à Rome au locateur pour sûreté du payement de ses loyers, et qui est devenue le privilége réglé par l'article 2102 n° 1 du Code Napoléon.

CHAPITRE I.

Hypothèque tacite accordée au locateur.

Le droit romain accordait une hypothèque tacite au locateur sur tous les objets introduits dans le fonds urbain, et sur les fruits du fonds lorsque le bien loué était un héritage rustique (l. 7 D. pr. *In quib. caus. pig. vel hyp. tacit. contrah.*, 20, 2). Il y avait donc entre l'hypothèque tacite accordée au locateur d'un fonds urbain et celle accordée au locateur d'un fonds rural cette différence, que la première frappait tous les objets apportés ou amenés sur le fonds, *invecta aut illata*, tandis que la seconde était restreinte aux fruits mêmes produits par le fonds loué.

Il est vrai que le locataire d'un fonds rural, d'une ferme par exemple, pouvait, lui aussi, donner au propriétaire un droit de gage sur les meubles introduits dans les lieux loués; seulement, une convention spéciale était alors nécessaire. Cela ressort très-clairement d'une phrase du paragraphe 3 du titre *de Interdictis* des Institutes (lib. IV, tit. xv), où Justinien s'exprime ainsi : *Interdictum quoque quod appellatur Salvianum, adipiscendæ possessionis causa comparatum est; eoque utitur dominus fundi de rebus coloni, quas is pro mercedibus fundi pignori futuras pepigisset.*

Il ne faudrait pas supposer que la loi 5 C., *de Locato conducto* (4, 65), ait supprimé cette différence, et que, d'après ses dispositions, même dans le silence des parties, les *illata et invecta* dans un fonds rustique fussent frappés par l'hypothèque tacite du propriétaire, s'ils ont été introduits sur le fonds au vu et su de ce dernier.

En effet, dans le texte dont il s'agit, l'Empereur Alexandre marque fort bien la distinction ; et quand il dit que les meubles introduits sur le fonds par les colons *voluntate dominorum* sont frappés par l'hypothèque, tandis que dans la location d'une maison *non est necessaria in rebus inductis vel illatis scientia domini,* n'est-il pas évident que par ces expressions : *voluntas, scientia domini*, il veut parler de la convention expresse qui est nécessaire pour engager les *invecta* sur le fonds rural, et que l'on suppose toujours sous-entendue quand il s'agit d'un héritage urbain ? En effet, quand un propriétaire refuse de louer sa ferme si le preneur n'y apporte tels ou tels objets de valeur, l'intention apparaît bien clairement : car, à quoi bon exiger cet apport, si les objets apportés ne devaient pas répondre du payement des loyers ? Au reste, le mot *voluntas* est souvent employé dans les textes avec la signification que je lui donne ici : la loi 5, § 1, Dig. h. tit. (1) nous en offre un exemple : voici comment s'exprime Marcien dans le paragraphe 1er de ce fragment : *Item illud videndum est voluntate domini induci pignus ita posse, ut in partem debiti sit obligatum.* C'est-à-dire que l'on peut réduire le gage à une partie seulement de la somme due, et cela *voluntate domini.* Or, comment obtenir ce résultat sinon par un pacte, par une convention formelle ? Dans la loi dernière au Code *de Novationibus*, 8, 42, Justinien, voulant qu'à l'avenir il n'y ait plus de novation sans une convention formellement exprimée, rend ainsi sa pensée : *Generaliter definimus, voluntate solum esse, non lege novandum.*

La différence que nous venons d'indiquer persista donc même dans le dernier état du droit ; mais ce n'est point la seule qui ait existé, à ce point de vue, entre les fonds rustiques et les héritages urbains. En voici une seconde : la loi dernière au Code *In quib. caus. pig. vel hypot. tacit. cont.*, 8, 15, nous apprend que le gage

(1) Nous désignons ainsi, *brevitatis causa*, le titre II du l. XX D. *In quibus causis pignus vel hypotheca tacite contrahitur*, qui contient les principes de notre matière.

tacite accordé au bailleur de maison n'était admis que
dans la ville de Rome et dans son territoire. Plus tard,
il est vrai, quand le siége du gouvernement impérial fut
transporté à Constantinople, qui devint ainsi une autre
Rome, on étendit ce privilége à la nouvelle capitale; mais
ce fut Justinien qui le premier l'étendit à toutes les pro-
vinces. Au contraire, l'hypothèque du bailleur de fonds
rustiques sur les fruits produits par les biens loués était
reconnue non-seulement à Rome, mais dans toute l'é-
tendue de l'Empire.

Par quels motifs ces différences furent-elles établies?
Ce n'est guère qu'en étudiant l'origine historique de
cette hypothèque tacite que l'on peut espérer le décou-
vrir.

D'après la loi 4 pr. D. *de Pact.*, 2, 14, c'est l'usage
qui avait conduit à admettre que, par une sorte de pacte
tacite, les meubles apportés par le locataire dans la
maison louée se trouvaient spécialement affectés au payement du loyer convenu. Voici comment Balduinus, dans
son traité *de Pignoribus et hypothecis*, cap. 6, explique
l'introduction à Rome de cet usage : il y eut de bonne
heure à Rome une grande quantité de gens peu aisés qui
étaient obligés de se loger dans des maisons ou plutôt
dans des chambres louées. On les appelait pour ce motif
cœnacularii. Or, l'usage était de ne payer son loyer qu'à
l'expiration de l'année, aux calendes de juillet, et le locataire, étant le plus souvent dans l'impossibilité de trouver un fidéjusseur solvable qui répondit pour lui, n'avait
d'autre ressource pour décider le propriétaire à lui consentir un bail, que d'offrir comme sûreté le mobilier
dont il garnirait les lieux loués. Cet usage, que la pré-

sence à Rome d'un très-grand nombre d'étrangers rendit encore plus nécessaire et plus général, devint la règle; et comme jamais la défiante prudence du propriétaire romain ne consentait à louer sans le pacte relatif à l'engagement des *invecta* et des *illata*, on arriva à le suppléer alors même qu'il n'avait pas été joint au contrat de bail.

On conçoit donc que cet usage, et par conséquent l'hypothèque tacite qui en fut la conséquence, ne se soit point étendu au delà de Rome. Partout ailleurs, en effet, les conditions étaient bien différentes; cette masse de prolétaires obligés de louer une habitation, cette quantité d'étrangers qu'attirait la gloire de la ville par excellence, *Urbs*, tout cela ne se rencontrait qu'à Rome; dans les autres villes il y avait moins de défiance, un très-petit nombre d'étrangers, et probablement aussi très-peu de gens n'habitant pas leur propre maison. En quelque lieu que ce fût, au contraire, le propriétaire qui ne pouvait cultiver lui-même donnait ses terres à bail à des colons, et, par une conséquence forcée de son droit sur le sol, on dut admettre qu'il n'abandonnait les fruits de son domaine au colon qu'en échange des fermages convenus, et que, jusqu'au payement, il entendait conserver ses droits sur les fruits, qui, après tout, comme accessoire du fonds, sont la chose du bailleur avant de devenir celle du fermier. C'est là ce qui faisait dire à Domat (Lois civiles, liv. III, tit. I, section v, § 14), en parlant du locateur: « Les fruits ne sont pas tant son gage qu'ils sont sa propre chose, jusqu'au payement. »

On comprend donc que cet engagement tacite des fruits ait été considéré comme le moyen le plus simple de sauvegarder les intérêts du bailleur d'héri ges ruraux: car ces fruits sont précisément l'objet que es contractants ont en vue, et les fermages ne sont autre chose, en définitive, qu'une portion des fruits, transformés parfois en argent, et que l'on est convenu de payer annuellement au propriétaire, le surplus de ces fruits formant le bénéfice du preneur.

Le locateur trouvait une garantie suffisante dans cette hypothèque tacite sur la totalité des fruits du fonds loué, et l'on ne voulut pas, en y affectant de plus les *invecta et illata*, paralyser le matériel agricole au grand détriment de la culture. C'est pourquoi nous voyons les empereurs Constantin, Honorius et Théodose interdire de donner en gage les instruments et les bestiaux nécessaires à l'exploitation des terres (l. 7, l. 8 C. *Quæ res pign. oblig. pos.*, 8, 17).

Telles sont les raisons que l'on peut donner des différences qui existaient, au point de vue de l'hypothèque tacite, entre les fonds urbains et les héritages ruraux. Mais, avant d'aller plus loin, essayons de préciser ce que l'on doit entendre par *fundus rusticus et fundus urbanus*.

Ces épithètes *rusticus*, *urbanus*, sont souvent opposées l'une à l'autre dans les textes, mais pas toujours avec la même signification. Ainsi, s'agit-il de servitudes, on appellera servitudes urbaines, quelle que soit d'ailleurs leur situation, celles dont l'exercice suppose nécessairement des constructions; toutes autres servitudes sont rurales (Inst. *de Servitutibus*, § 1, II, 5). S'agit-il de l'administration par le tuteur des biens des mineurs, et de l'application de la règle qui ordonne de vendre les *prædia urbana et suburbana* du pupille, et de conserver les *rustica* (l. 7, § 1, l. 5, § 9, D., *de Admin. et peric. tut.*, 26, 7), la loi 198 D. *de Verb. signific.* (50, 16) nous apprend que c'est à un autre caractère que l'on s'attachait, et l'on considérait alors comme *prædia rustica* tous ceux qui sont destinés à produire des fruits naturels : *Urbana prædia omnia ædificia accipimus non solum ea quæ sunt in oppidis, sed et si forte stabula sunt, vel alia meritoria in villis, et in vicis; vel si prætoria voluptati tantum deservientia; quia urbanum prædium non locus facit, sed materia. Proinde hortos quoque, si qui sunt in ædificiis constituti, dicendum sit urbanorum appellatione contineri. Plane si plurimum horti in reditu sunt, vinearii forte, vel etiam olitorii, magis hæc non sunt urbana.* Pouvons-nous transporter à la matière qui nous occupe le caractère distinctif indiqué par Ulpien dans ce texte, qui, comme le fait remarquer Cujas, est relatif à l'administration du tuteur? Cela semble bien naturel ; et cependant, dans la loi 4 h. tit., Neratius, après s'être demandé dans quelle classe il faut ranger des étables séparées des bâtiments d'habitation, répond : *Et quidem urbanorum sine dubio non sunt, cum a cæteris ædificiis separata sint.* Ne pourrait-on pas conclure de ce texte que les jurisconsultes romains, fidèles en cela à l'origine historique de l'hypothèque tacite accordée au locateur de maisons, ne comprenaient à proprement parler, en ce cas, sous le nom de *prædium urbanum* que les constructions servant à l'habitation de l'homme et leurs dépendances immédiates? Toutefois nous verrons bientôt que les héritages qui, comme les *stabula*, les *diversoria*, les *areæ*, ne produi-

sent point de fruits naturels, bien que Neratius leur re-
fusât le titre d'urbains, étaient cependant assimilés aux
prædia urbana; et c'est en effet ce que le même jurisconsulte nous annonce par la fin de la loi 4, où, après
avoir affirmé que les *stabula* en question ne sont certainement pas des fonds urbains, il ajoute : *Quod ad
causam tamen taciti pignoris pertinet, non multum ab
urbanis prædiis differunt.*

Au reste, on comprend facilement qu'il y eût là, le
plus souvent, une question de fait toujours facile à résoudre. Ainsi, un héritage pouvait être rangé parmi les
fonds ruraux, et par conséquent les seuls fruits étaient
frappés par l'hypothèque tacite, bien que cependant cet
héritage renfermât une construction, une ferme par
exemple, dans laquelle le preneur avait introduit des
meubles. Alors, en effet, la construction n'est plus qu'un
accessoire du domaine rural; ce qui est loué, c'est ce domaine qui est productif de fruits, et ces fruits sont suffisants pour assurer le payement du propriétaire. C'est
ce que donne à entendre le sens même du mot *fundus,*
qui, bien que signifiant un domaine rural, désigne cependant non-seulement les champs, les terres, mais encore les constructions nécessaires à leur exploitation :
*Fundi appellatione, omne ædificium et omnis ager con-
tinetur* (D. l. 211 *de Verb. signific.*, 50, 16).

CHAPITRE II.

Hypothèque tacite du locateur de biens ruraux.

*In prædiis rusticis fructus, qui ibi nascuntur, ta-
cite intelliguntur pignori esse domino fundi locati,*

etiamsi nominatim id non convenerit (D. l. 7 h. tit.).
Tel est le principe relativement aux *prædia rustica:*
les fruits seuls sont l'objet de l'hypothèque tacite accordée au bailleur comme garantie du payement de ses
fermages. Cette hypothèque s'étend au reste à tous les
fruits, sans qu'il y ait lieu de distinguer les fruits indus-
triels des fruits naturels; mais elle ne survit pas à l'aliénation des fruits consentie sans fraude par le colon, et
ne se transporte pas sur le prix encore dû de cette vente.
A plus forte raison ne peut-elle pas venir frapper le
fonds que le colon a acheté avec le prix des fruits vendus:
*Quamvis fructus pignori datorum prædiorum, etsi id
aperte non sit expressum, et ipsi pignori credantur
tacita pactione inesse; prædia tamen quæ emuntur ex
fructuum pretio, ad eamdem causam venire, nulli pru-
dentium placuit* (C. l. 3 h. tit. 8, 15).

Nous avons déjà dit que le locateur de biens ruraux
pouvait, si l'hypothèque tacite qui lui est accordée sur
les fruits lui semblait insuffisante pour garantir ses
droits, s'assurer comme gage les *invecta* et les *illata*;
mais une convention expresse, un pacte, était alors nécessaire (C. l. 5 *Locato cond.* 4, 65). Dans ce cas, pour
tout ce qui concernait l'étendue et les effets de cette hypothèque, on suivait les règles que nous allons poser ci-
après à propos des fonds urbains, à moins que la convention, qui doit faire loi entre les parties, ne les eût
modifiées.

Comme l'engagement des meubles apportés dans la
ferme louée ne pouvait résulter que d'une convention
spéciale, cette convention ne liait que celui-là seul qui
l'avait faite; et si, après avoir engagé spécialement les

illata et les *invecta*, le colon sous-louait sa ferme, les fruits étaient bien frappés par l'hypothèque tacite, mais les meubles du sous-locataire restaient libres : *Si colonus locaverit fundum, res posterioris conductoris domino non obligantur; sed fructus in causa pignoris manent, quemadmodum esset, si primus colonus eos percepisset.* (D. l. 24, § 1, *Locati cond.* 19, 2).

Nous verrons plus loin, en revenant sur les sous-locations à propos des *prædia urbana*, que les meubles introduits dans les lieux loués par le sous-locataire sont, au contraire, tacitement engagés pour le payement du loyer (D. l. 11, § 5, *de Pignerat. act. vel contr.* 13, 7). Quant à la question de savoir pour quelle somme sont engagés les fruits du fonds sous-loué un prix moindre que celui de la location primitive, nous la traiterons au chapitre IV, en la rapprochant de la solution donnée en pareille matière pour les fonds urbains.

CHAPITRE III.

Hypothèque tacite du locateur de biens urbains.

Placet in urbanis habitationibus locandis, invecta illata pignori esse locatori, etiam si nihil nominatim convenerit (D. l. 4 *de Pactis*, 2, 14). Tel est, pour les fonds urbains, le principe posé par Paul et confirmé par Neratius dans la loi 4 D. *In quibus caus. pign. tacit. contr.* 20, 2 : l'hypothèque tacite porte donc ici sur les objets mobiliers apportés ou amenés dans la maison par celui qui l'a louée.

Nous devons donc nous demander tout d'abord ce qu'il

faut entendre par ces mots *invecta et illata*. Scævola, dans
la loi 32 D. *de Pignorib. et hypoth.* (20, 1), qui, il est
vrai, ne se réfère pas à l'hypothèque tacite du bailleur,
répond que l'on doit comprendre sous ces termes les
objets mobiliers *qui hoc animo a domino inducti essent,
ut ibi perpetuo essent;* et Ulpien semble confirmer cette
opinion dans la loi 35, § 3, D. *de Heredibus instit.* (28, 5);
il s'y demande ce que l'on doit entendre par ces mots :
res italicæ, au cas où un testateur avait institué quelqu'un
rerum italicarum heres, et voici sa réponse : *Et facit
quidem totum voluntas defuncti, nam quid senserit
spectandum est; verumtamen hoc intelligendum erit,
rerum italicarum significatione eas contineri, quas perpetuo quis ibi habuerit atque ita disposuit ut perpetuo
haberet.*

Devons-nous transporter cette décision dans notre matière, malgré la loi 7, § 1, D. huj. tit., dans laquelle
Pomponius n'exige pas que les meubles soient apportés
à *perpétuelle* demeure, mais seulement qu'ils soient introduits dans les lieux loués *ut ibi sint?* Je crois qu'il y
a là une distinction que la nature même des choses explique ; dans la loi 32 *de Pignoribus,* il s'agit d'une hypothèque non pas tacite, mais conventionnelle : on s'attache
donc, pour en déterminer l'étendue, à la convention elle-
même ; dans la loi 35, § 3, *de Heredibus instituendis,*
Ulpien s'occupe d'une institution d'héritier. Or c'est en
pareille matière surtout que l'intention du défunt doit
servir de règle absolue. Mais les meubles introduits dans
une maison louée sont frappés, en quelque sorte, par
l'hypothèque tacite du bailleur en vertu de l'introduction
même, du moment qu'ils entrent dans la maison; la vo-

lonté, l'intention du locataire, doivent donc avoir moins
d'influence sur la détermination qui nous occupe. Pomponius cependant prend soin de nous avertir que tous
les meubles introduits dans la maison louée ne sont
pas frappés par l'hypothèque tacite, et voici la distinction
qu'il nous indique : *Videndum est, ne non omnia illata
vel inducta, sed ea sola, quæ ut ibi sint, illata fuerint,
pignori sint? Quod magis est.* Ainsi, seront rangés parmi
les *invecta et illata* tous les meubles qui se trouvent dans
la maison et pour lesquels la maison a été louée : car,
quand on loue une maison, ce n'est pas seulement pour
s'y loger, mais encore pour y abriter son mobilier. Aussi
Pomponius considère-t-il comme *invecta et illata* les
meubles introduits dans les lieux loués *ut ibi sint*,
c'est-à-dire les meubles pour lesquels le bâtiment a été
loué et que l'on avait en vue lors de la location.

La loi 3 D. huj. tit. est une application de cette
idée : *Si horreum fuit conductum, vel diverso-
rium, vel area : tacitam conventionem de invectis
illatis etiam in his locum habere putat Neratius :
quod verius est.* Le blé, le vin, les denrées de toutes sor-
tes que l'on place dans une grange louée ne sont point
d'ordinaire destinés à y demeurer perpétuellement; mais
ils sont déposés là tout simplement *ut ibi sint*, c'est
pour les y mettre que la grange a été louée. Un négociant
loue à Rome un magasin pour y placer des marchandises
qu'il a l'intention d'expédier en Gaule : pas de doute que
ces marchandises ne soient le gage du propriétaire; car
c'est précisément pour les loger que le magasin a été pris
à bail par le marchand. Mais si, redoutant les incur-
sions de l'ennemi, je fais placer dans la maison louée que

j'habite à la ville des instruments aratoires qui seraient trop exposés dans ma métairie, ou si je dépose provisoirement dans cette maison des ustensiles et des outils que je viens d'acheter, mais qui sont destinés à l'exploitation de mes terres, tous ces objets, n'étant point placés là *ut ibi sint*, ne seront point considérés ni traités comme *invecta et illata* selon le sens spécial que l'on doit attacher ici à cette expression.

Certains commentateurs, je veux parler de ceux qui exigent, pour que l'hypothèque tacite frappe les meubles introduits, que ceux-ci soient placés dans la maison *ut perpetuo sint*, certains commentateurs prétendent que les marchandises qui garnissent une boutique louée ne sont point tacitement hypothéquées. En effet, disent-ils, les marchandises sont évidemment destinées à être vendues, puis remplacées par d'autres; elles ne présentent donc point assez de stabilité pour pouvoir faire l'objet d'un gage. Mais, nous venons de le démontrer, c'est là une erreur, car il n'est point nécessaire, pour qu'ils soient frappés par l'hypothèque tacite, que les meubles soient placés dans les lieux loués à perpétuelle demeure; il suffit qu'ils y soient introduits *ut ibi sint;* or, n'est-ce pas ce qui a lieu pour les marchandises exposées en vente dans une boutique? Ces marchandises seront, il est vrai, successivement vendues, mais on les remplacera aussitôt; elles seront donc tacitement hypothéquées, non pas *in specie, sed in genere.* C'est ce que décide Scævola dans la loi 34, pr. D. *de Pignorib. et hypoth.* (20, 1): *Cum tabernam debitor creditori dederit, quæsitum est, utrum eo facto nihil egerit, an tabernæ appellatione merces, quæ in ea erant, obligasse videa-*

*tur, etsi c··s merces per tempora distraxerit , et alias
comparaverit, easque in eam tabernam intulerit, et de-
cesserit, an omnia, quæ ibi deprehenduntur, creditor
hypothecaria actione petere possit, cum et mercium
species mutatæ sint et res aliæ illatæ? Respondit : Ea,
quæ mortis tempore debitoris in taberna inventa sunt,
pignori obligata esse videntur.* On trouve une solution
analogue dans la loi 13 pr. D. du même titre *de Pignorib. et hypoth.*, qui déclare qu'un troupeau étant donné
en gage, le gage subsiste, quoique, par suite de la morta-
lité, le troupeau entier ait été renouvelé.

Au reste, tous les objets mobiliers, quelle que soit leur
nature, sont tacitement engagés, s'ils sont introduits dans
la maison louée ; ainsi l'or, l'argent monnayés, les
pierreries, les bijoux, sont tacitement hypothéqués pour
sûreté des loyers, s'ils se trouvent d'ailleurs dans les conditions requises. Cependant certains interprètes du droit
romain ont proposé une exception, et ont soutenu que
l'ensemble des meubles désignés sous le nom de *supellex*,
c'est-à-dire, d'après la définition de Pomponius (l. 1 D.
de Supellect. legat., 33, 10), *domesticum patrisfami-
liæ instrumentum, quod neque argento, aurove facto
vel vesti adnumeretur*, n'était point frappé par l'hypothèque tacite du propriétaire. La raison qu'ils en donnent
est que ces objets ne seraient point frappés par une hypothèque générale expressément consentie (l. 6 et l. 7
D. *de Pignorib. et hypoth.*, 20, 1); or, disent-ils, l'hypothèque tacite ne peut pas avoir plus d'étendue et d'ef-
ficacité que n'en a l'hypothèque expresse; de là, la sin-
gulière conclusion que ce que l'on entend par *supellex* doit
échapper à l'hypothèque tacite du locateur. Mais cette

conclusion est une erreur manifeste, et l'argument n'a point de valeur. En effet, ces meubles que l'on désigne par cette expression générale de *supellex* sont *illata ut ibi sint;* ce sont eux surtout qui, le plus souvent, dans l'intention des parties, doivent garantir le payement du loyer, et il serait étrange qu'ils fussent ainsi précisément laissés en dehors de l'hypothèque. Mais il n'en était pas ainsi, et la solution donnée par les lois 6 et 7 du titre *de Pignoribus et hypothecis* doit être restreinte au cas prévu par ces textes, c'est-à-dire au cas où le débiteur a consenti à son créancier une hypothèque générale sur tous les biens *quas habuit, habiturusve sit.* On conçoit alors que les meubles d'un usage journalier, et dont la valeur est fort peu de chose relativement à la somme des biens hypothéqués, soient considérés comme tacitement exclus de la convention par les parties elles-mêmes; mais si l'on exceptait ces mêmes meubles de l'hypothèque du propriétaire, celui-ci verrait disparaître souvent la plus grande partie de son gage, et cette garantie si nécessaire que la loi accorde au bailleur n'existerait plus en réalité pour lui dans bien des cas.

Les meubles des mineurs étaient frappés aussi par l'hypothèque tacite du bailleur, quand leur tuteur ou curateur, ayant passé un contrat de bail, les avait fait placer dans la maison louée. En effet, les tuteurs et les curateurs pouvaient engager les meubles des mineurs pour garantir une dette, quand celle-ci était avantageuse au pupille (l. 16 pr. D. *de Pign. act.*, 13, 7 ; — l. 7, § 5, D. *de Reb. cor. qui sub. tut. vel curat. sunt...* 27, 9; — l. 3 C. *Si alien. res pig. dat. sit* (8,16). Or, quelle dette peut être plus avantageuse au pupille que celle dont il s'agit, qui rentre dans la dette d'aliments, comme le décide la loi 6 *de Alimentis vel cibariis legatis* (D. 34, 1).

Mais l'hypothèque tacite du propriétaire, quelque favorable qu'elle pût être, ne frappait pas les objets qui, prêtés ou donnés en gage au locataire, ont été ainsi introduits temporairement dans les lieux loués. De même, le propriétaire n'avait aucun droit sur les objets confiés à son locataire artisan pour les réparer ou les mettre en œuvre, et qui se trouvaient dans la maison louée.

Quant aux objets *invecta* qui n'appartenaient point au locataire, ils pouvaient être cependant frappés par l'hypothèque tacite du locateur, si ceux auxquels ils appartenaient avaient consenti à les voir servir de gage au bailleur. Au reste, ce consentement pouvait sans doute être tacite, et en général le propriétaire de meubles introduits par un locataire dans les lieux loués, qui n'avertissait pas le locateur de la maison de ne pas compter sur cette partie du mobilier de son locataire, devait être considéré comme consentant à voir ses meubles frappés de l'hypothèque; car sans cela il aurait été en quelque sorte complice de la fraude du locataire. Nous trouvons dans la loi 2 au Code, *Si res aliena pign. dat. sit* (8, 16) une solution analogue qui peut autoriser celle-ci.

Au reste, comme les meubles ne sont tacitement hypothéqués qu'autant qu'ils sont introduits dans la maison louée ou dans ses dépendances, c'est au locateur qui veut exercer son hypothèque à prouver cette introduction, car c'est elle seule qui donne naissance à son droit.

CHAPITRE IV.

Des effets de l'hypothèque tacite du locateur.

La principale créance garantie par l'hypothèque tacite du locateur lui assurait d'abord le payement de ses loyers et fermages, et en outre celui de toutes autres créances naissant du contrat de louage : ainsi Pomponius, dans la loi 2 huj. tit., accorde au propriétaire le droit de se faire payer au moyen de son hypothèque tacite l'indemnité qui peut lui être due pour les détériorations commises par le preneur dans les lieux loués.

Le propriétaire conservait son hypothèque tacite alors même que le locataire primitif avait sous-loué. C'est ce qui résulte de la loi 11, § 5, D., *de Pignerat. act.* (13, 7), dans laquelle Ulpien se demande jusqu'à concurrence de quelle somme sont frappés par l'hypothèque les meubles introduits dans cette maison par le sous-locataire d'une partie de cette maison ; et le jurisconsulte décide que l'hypothèque sur les meubles du sous-locataire sera limitée à la somme moyennant laquelle il a sous-loué la portion des lieux loués qu'il habite. A Rome, comme chez nous, les *invecta et illata* du sous-locataire étaient donc engagés envers le propriétaire, mais seulement pour le montant du prix encore dû de la sous-location.

La loi 24, § 1, D., *Locati cond.* (19, 2), n'est point en contradiction avec le principe que nous venons de poser. En effet, cette loi, dont nous avons déjà parlé, s'occupe d'un *prædium rusticum* ; or, dans les fonds de cette nature, les fruits seuls étaient frappés par l'hypo-

thèque tacite du bailleur, et quand bien même le fermier
avait expressément consenti à engager les *invecta et illata*, cette convention toute personnelle ne liait en aucune façon le sous-fermier. La solution de cette loi est
donc commandée par la différence qui existe entre un
gage tacite et un gage exprès.

Quant à la loi 5 huj. tit., elle se réfère à une hypothèse assez rare en pratique, celle où le locataire
avait accordé gratuitement à quelqu'un le droit de se
loger dans la maison qu'il a louée. Dans ce cas, les
meubles de cette sorte de sous-locataire ne pouvaient pas être frappés par l'hypothèque tacite ga-
rantissant au propriétaire le payement de ses loyers,
et cela parce que ces meubles appartenaient à quelqu'un
qui ne devait pas de loyer. C'est là précisément la décision de Pomponius : *Si gratuitam habitationem con-
ductor mihi præstiterit, invecta a me domino insulæ
pignori non esse.* Il est cependant des commentateurs qui ont pensé que cette loi ne refusait l'hypothèque tacite que pour les loyers, et non pour les détériorations faites aux lieux loués par celui qui les habite
gratuitement. Cette distinction ne me semble pas justifiée ; car l'hypothèque tacite ne naît que du bail, et l'on
ne peut dire qu'il y a un bail quand il n'y a point de
loyer. Ce serait donc seulement sur les meubles du locataire principal que le propriétaire pourrait se faire payer
des dégradations dont il s'agit.

Mais ce principe que l'hypothèque du locateur était
restreinte à l'égard du sous-locataire au prix dû pour la
sous-location, était-il applicable à l'hypothèque tacite
frappant les fruits produits par les fonds ruraux ? Au

premier abord, l'affirmative ne semble pas douteuse, et
les mêmes motifs semblent devoir commander la même
décision ; c'est cependant, je crois, la solution inverse
qui doit être admise : ainsi, Primus ayant donné à bail à
Secundus une terre moyennant un fermage de cent,
et Secundus ayant sous-loué la même terre à Tertius
pour quatre-vingts, malgré la sous-location, les fruits
produits par le fonds auraient été tacitement hypothéqués jusqu'à concurrence de cent. A l'appui de cette
proposition je puis invoquer le texte déjà cité, où, après
avoir rappelé qu'au cas de sous-location d'un fonds rural, les meubles du sous-locataire ne sont point tacitement engagés, le jurisconsulte Paul ajoute : *Sed fructus
in causa pignoris manent, quemadmodum esset, si primus colonus eos percepisset* (loi 24, § 1, D., Locat.
cond., 19, 2). Or, pourrait-il s'exprimer ainsi, si les
fruits n'étaient plus engagés que jusqu'à concurrence
du prix de la sous-location? Voet appuie la solution que
je propose sur un argument tiré, par analogie, de ce
qui se passait à Rome au cas de vente. En effet, le vendeur avait le droit de retenir la chose vendue jusqu'à
parfait payement du prix, et cela quand bien même, la
chose ayant été revendue par l'acheteur un prix moindre,
le second acheteur offrirait de verser ce prix aux mains
du propriétaire de la chose. Car, à moins que le vendeur
n'eût suivi la foi de l'acheteur, il restait propriétaire,
même après la tradition, jusqu'au moment où le payement avait lieu : *Venditæ vero res et traditæ non ali-
ter emptori adquiruntur, quam si is venditori pre-
tium solverit* (Inst. lib. II, tit. 1, § 41). Eh bien,
n'était-il pas naturel de permettre au locateur de retenir

les fruits jusqu'à ce que le prix de la première location fût payé? En effet, c'est en échange de ce prix
que le droit aux fruits a été concédé, et il ne l'a été que
sous la réserve d'un gage tacite ; or ce gage garantissait
la totalité des fermages, et la sous-location n'a pu le
faire disparaître.

Enfin, on peut remarquer que le locateur reste propriétaire des fruits, même après la location, jusqu'au
moment où ils sont détachés du sol de son consentement
exprès ou tacite (l. 26, § 1, D., *de Furtis*, 47, 2 ; l. 44 D.,
de Rei vind., 6, 1) ; or ce consentement ne peut être
présumé que si le gage tacite du locateur subsiste dans
son intégrité. Il faut donc décider que, contrairement à
ce qui avait lieu au cas de sous-location de fonds urbains,
quand il s'agissait d'héritages rustiques sous-amodiés à
un prix inférieur, les fruits étaient cependant frappés de
l'hypothèque tacite jusqu'à concurrence de la totalité du
loyer consenti par le fermier primitif.

L'hypothèque tacite produisait en général les mêmes
effets que l'hypothèque ordinaire. Le locataire pouvait
bien vendre ses meubles tacitement engagés, les livrer à
son acheteur ; mais cette vente ne faisait pas disparaître
l'hypothèque, qui continuait à frapper les meubles en
quelques mains qu'ils eussent passé. Seulement il est
probable qu'une large application du principe que la
vente de l'objet engagé faite avec le consentement du
créancier hypothécaire pouvait éteindre l'hypothèque
(l. 158 D., *de Reg. jur.*, 50, 17 ; l. 4, § 1, D., *Quib.
mod. pign. vel hyp. sol.*, 20, 5) venait corriger dans la
pratique les inconvénients que n'aurait pas manqué d'en-
traîner cette théorie.

La loi 9 huj. tit. nous signale une différence entre
les effets de l'hypothèque tacite du locateur et de l'hypothèque expressément consentie. Voici ce texte: *Est dif-
ferentia obligatorum propter pensionem, et eorum quæ
ex conventione manifestarii pignoris nomine tenentur,
quod manumittere mancipia obligata pignori non pos-
sumus; inhabitantes autem manumittimus; scilicet
antequam pensionis nomine percludamur : tunc enim
pignoris nomine retenta non liberabimus, et derisus
Nerva jurisconsultus, qui per fenestram monstraverat
servos detentos ob pensionem, liberari posse.* Cette loi
nous apprend que, malgré l'hypothèque tacite qui les
frappait, les esclaves introduits dans la maison louée
pouvaient être affranchis par le locataire jusqu'au moment où ils étaient l'objet d'une sorte de saisie de la
part du propriétaire. Mais il ne faudrait pas conclure de
là que, jusqu'à cette *præclusio*, le locataire avait le droit
d'anéantir à son gré l'hypothèque du propriétaire. En
effet, le texte de Paul que nous venons de rapporter
renferme une exception uniquement basée sur la faveur
due à la liberté; la loi 6 du même titre ne laisse aucun
doute à cet égard. Toutefois, l'affranchissement n'était
possible que jusqu'à la *præclusio* ou saisie opérée par
le locateur. Cette saisie avait lieu *statim atque ostium
obseratum est, aut jussio servis facta est, ne ædibus
discederent* (Godefroi, sur la loi 9); et c'est pour cela
que l'on avait raillé Nerva, qui soutenait que l'on pouvait
affranchir par la fenêtre les esclaves saisis. Il considérait
sans doute la *præclusio* comme n'étant pas complète
par cela seul que le lieu où se trouvaient enfermés les
esclaves était éclairé par une fenêtre s'ouvrant sur la

voie publique et à travers laquelle auraient pu s'accomplir les formalités de la manumission.

CHAPITRE V.

Comment le locateur exerçait son hypothèque tacite.

Il nous reste à étudier la manière dont le propriétaire pouvait exercer son droit à l'égard des tiers, et les armes dont le droit romain lui accordait l'usage pour le défendre.

Cette étude, qui trouve ici sa place naturelle, présente d'autant plus d'intérêt, que le gage tacite accordé au locateur a exercé une certaine influence sur la création du droit d'hypothèque, dernier perfectionnement de l'antique contrat de gage.

A l'origine on devait, pour assurer à son créancier une sûreté réelle, lui transférer la propriété même de la chose que le créancier, par la clause de *fiducie*, s'engageait à rétrocéder après le payement de ce qui lui était dû. Ce mode primitif avait l'inconvénient capital de dépouiller le débiteur de la propriété même de l'objet sur lequel portait la sûreté réelle, et de ne plus lui laisser, pour s'en faire rétrocéder la propriété, qu'une action personnelle naissant de la clause de *fiducie*.

Le *pignus*, qui remonte probablement à une époque fort ancienne, fut un progrès évident ; il permit au débiteur de conserver la propriété de l'objet engagé, dont la possession, par l'effet de la tradition, passait au créancier gagiste qui, pour la garantie effective de son droit, avait le secours des interdits. Cependant le *pignus*, ainsi constitué, présentait un danger pour le créancier, qui, s'il venait à ne plus se trouver dans les conditions exigées pour l'exercice des interdits, pouvait se voir privé de son droit, car il n'avait aucune action réelle pour l'exercer.

En outre, le *pignus* exigeait toujours la tradition de la chose au créancier, et le gage ne durait qu'autant que le créancier détenait l'objet engagé; le débiteur se trouvait donc ainsi privé de toute l'utilité qu'il aurait pu retirer de l'objet engagé, et cela au détriment du créancier, puisque cette privation appauvrissait son débiteur sans l'enrichir lui-même, car il n'avait pas le droit de se servir de la chose donnée en gage : *Si pignore creditor utatur,* dit Gaius, *furti tenetur* (l. 54 pr. D. *de Furt.*, 47, 2).

On remédiait, il est vrai, dans une certaine mesure aux imperfections du *pignus* au moyen du *precarium,* c'est-à-dire par la concession de l'usage *lato sensu* de l'objet engagé, concession obtenue par prière et révocable au gré du cédant (l. 1 pr. D. *de Precar.* 43, 26). Le débiteur qui, tout en concédant un gage, voulait conserver l'usage de la chose engagée, faisait donc intervenir un *precarium* en vertu duquel il reprenait, sur sa demande, la possession de cette chose, à la condition toutefois de la rendre dès qu'il plairait au créancier de la réclamer, Ulpien (l. 6 D. *de Precario)* nous apprend que l'on avait eu d'abord quelque doute sur la validité du *precarium* dans cette hypothèse, où il est concédé à quelqu'un sur la chose même dont il est propriétaire; mais le jurisconsulte ajoute que, comme l'utilité du *precarium* est 'e procurer au propriétaire les avantages de la possession qu'il a abandonnée au créancier par le gage, cette con-

vention doit être tenue pour efficace, et qu'elle est au
surplus très-fréquente et d'une utilité reconnue.

Après ce nouveau progrès, on arriva bientôt à l'hypothèque, c'est-à-dire à ne plus exiger absolument la mise
en possession du créancier gagiste; et c'est précisément
dans les rapports de propriétaire à locataire que l'on se
relâcha tout d'abord sur ce point de la rigueur des principes du gage, et que l'on fut amené à considérer les
objets nés du fonds ou introduits dans les lieux loués,
comme pour ainsi dire possédés par le locateur auquel
ils étaient en quelque sorte donnés en gage. Nous avons
déjà montré, à propos de l'origine historique du privilége que nous étudions, comment il eût été impossible
au locataire ou fermier de se dessaisir de la possession de
son mobilier, de ses fruits, de ses instruments aratoires.
Le Préteur ne faisait donc que céder à la force même des
choses en permettant, dans ce cas, de créer un gage sans
tradition effective. Je dis tradition effective: car les appa-
rences étaient en partie sauvées, puisque l'introduction
des objets engagés dans les lieux loués était nécessaire,
ce qui créait au profit du locateur une situation qui n'était
pas sans anologie avec cette possession *quoad interdicta*
que nous avons vu accorder au créancier gagiste. L'analogie fut complétée par la création d'un interdit spécial,
l'interdit salvien, dont le but était précisément de transformer ce droit du locateur en une véritable possession.

On s'accoutuma ainsi à considérer le locateur comme
ayant un droit de gage sur les objets apportés dans les
lieux loués, en vertu d'une simple convention. Il n'y avait
plus alors qu'un pas à faire pour arriver à l'hypothèque:
aussi voyons-nous le préteur Servius accorder au locateur

de biens ruraux un droit réel garanti par l'action servienne, sur les objets expressément affectés à la sûreté
du payement des fermages. Puis cette innovation, d'abord
exclusivement limitée à ce cas spécial, ayant été reconnue
constituer un véritable progrès et un puissant moyen de
crédit, on la généralisa en l'étendant à tous les cas où un
débiteur quelconque voulait affecter des objets au payement d'une dette; de la naquit l'action quasi-servienne
ou hypothécaire. Un simple pacte suffisait enfin pour
donner naissance à une action réelle.

Au reste, il est impossible d'assigner des dates, même
approximatives, à ces changements successifs; d'autant
plus que, même après un progrès réalisé, l'ancienne forme
subsistait longtemps encore avant de disparaitre, et s'é-
ternisait parfois quand elle présentait quelque avantage
particulier. C'est ce qui a eu lieu pour l'interdit salvien;
ainsi, dans la période classique du droit romain, nous
trouvons à côté l'un de l'autre l'interdit salvien et l'action servienne; et dans le Digeste lui-même, l'interdit salvien a un titre spécial, bien court, il est vrai, et dont les
deux lois sont loin de donner la réponse à toutes les difficultés qui surgissent, mais qui prouve cependant que,
malgré l'action servienne, l'interdit subsistait encore. Il
y a même des commentateurs qui ont supposé que l'interdit était postérieur à l'action servienne; mais c'est là
une opinion difficilement admissible, car il serait étrange
qu'après être arrivé à l'action réelle, on eût imaginé un
nouveau moyen de protection moins efficace et ne correspondant à aucun besoin. Tout s'explique, au contraire,
en supposant l'action servienne postérieure, mais l'interdit continuant à exister. Les interdits, en effet, leur pro-

cédure même le prouve, sont antérieurs au système formulaire; et, à cette époque, les actions de la loi étant loin
de suffire à toutes les exigences, le préteur n'avait pas
d'autre moyen que les interdits pour combler les lacunes
du droit civil. Plus tard, quand le système formulaire
vint lui donner une nouvelle latitude, il se servit des nouveaux moyens mis à sa disposition, qui rentraient mieux
dans la voie ordinaire de la procédure alors en usage,
et après avoir créé des interdits, le préteur créa des actions.

Celles-ci ne firent point disparaître tout d'abord les interdits : on les retrouve encore au temps de Justinien;
mais alors ils n'existent plus que de nom; il n'y a plus,
comme l'indique le *principium* du titre xv du livre IV des
Institutes, que des actions extraordinaires employées dans
les cas qui jadis donnaient lieu à l'exercice des interdits.
Mais pendant un certain temps les deux institutions co-
existèrent, d'abord parce que l'un des traits distinctifs du
caractère national romain était le respect des institutions
existantes, alors même que leur ancienne utilité avait disparu, et de plus parce que, comme nous le verrons bientôt, alors même que l'action servienne vous était offerte,
il pouvait y avoir certains avantages à employer l'interdit salvien. Au reste, l'existence simultanée de ces deux
institutions n'est point un fait isolé; on trouve, en effet, à
côté de l'action paulienne un interdit *fraudatorium*,
comme à côté de la pétition d'hérédité l'interdit *Quorum
bonorum*.

Le locateur avait donc, pour exercer son droit d'hypothèque tacite dans les limites que nous avons indiquées
ci-dessus, l'action servienne, analogue à l'action accordée

à tout créancier hypothécaire; mais à côté de cette action nous rencontrons l'interdit salvien, sur le rôle duquel nous devons entrer dans quelques détails.

Les textes relatifs à cet interdit sont très-peu nombreux, et c'est là probablement la cause principale des obscurités que présente son étude; mais ces textes s'accordent à limiter l'application de cet interdit aux objets engagés par le colon pour le payement de ses fermages. Voici comment s'exprime Gaius : *Interdictum quoque quod appellatur salvianum apiscendæ possessionis (causa) comparatum est, eoque utitur dominus fundi de rebus coloni quas is pro mercedibus fundi pignori futuras pepigisset* (Com. iv, § 147).

Pour le locateur de maisons, auquel cet interdit était refusé, il avait une autre ressource indiquée par la loi 9 huj. tit. : c'était de s'opposer à la sortie des meubles constituant son gage par voie de *perclusio*, c'est-à-dire en fermant les portes de la maison louée. Mais ce procédé était inapplicable aux fonds ruraux; et c'est sans doute pour y suppléer qu'avait été imaginé l'interdit salvien, qui, au reste, ne fut jamais généralisé; car aucun argument sérieux ne vient appuyer l'opinion de ceux qui admettent l'existence d'un interdit quasi-salvien accordé à tout créancier hypothécaire.

Le texte de Gaius cité plus haut nous apprend que l'interdit portait sur les meubles introduits sur le fonds et expressément engagés par le fermier. Nous avons assez insisté sur la nécessité, dans ce cas, d'une convention expresse et sur la différence qui existe sur ce point entre les biens urbains et les biens ruraux, pour n'avoir pas à y revenir ici. Notons seulement que la preuve de l'introduction des meubles sur le fonds était nécessaire pour triompher dans le débat soulevé par l'interdit, bien qu'elle ne le fût pas pour réussir au moyen de l'action servienne, et que, malgré l'opinion de Favre, il n'y a aucune raison sérieuse de borner exclusivement l'interdit aux meubles expressément engagés, et de ne point l'étendre aux fruits produits par le fonds loué. Quoi de plus naturel, en effet, que d'accorder à la convention tacite sur laquelle repose l'engagement des fruits la même protection qu'à une convention expresse.

Contre qui était accordé l'interdit salvien ? Contre tout possesseur, κατὰ παντὸς κατέχοντος τὰ τοῦ κολώνου πράγματα, répond Théophile (Paraphr. lib. IV, tit. xv, § 5), confirmé sur ce point par la loi 1, § 1, D., *de Salviano interdicto* (43, 33). Nous reviendrons sur ce texte, qui présente quelque difficulté ; mais ce qui est hors de doute, c'est qu'il permet d'agir au moyen de l'interdit *adversus extraneum*. Cette doctrine est, il est vrai, formellement contredite par une constitution de l'empereur Gordien qui forme la loi au Code *de Prec. et salv. interd.* (8, 9). Mais il est si difficile d'admettre que le fermier ait eu la faculté d'échapper à l'interdit en se dépouillant de la possession des objets engagés, que de savants commentateurs ont préféré supposer que la constitution dont il s'agit a été altérée dans son texte. Quoi qu'il en soit, Théophile et Julien, l. 1, § 1, D., *de Salv. inter.* (43, 33), sont trop formels pour que l'on doive, par respect pour le texte isolé de Gordien, abandonner leur doctrine, la seule qui donne à l'interdit une utilité réelle.

Qu'arrivait-il si les meubles apportés par le fermier étaient hypothéqués à deux personnes copropriétaires

du fonds loué? Chacune d'elles pouvait-elle user de l'interdit, et comment régler le conflit s'il venait à s'élever entre
les deux propriétaires? Voici comment s'exprime Julien
à ce sujet dans la loi 1, § 1, D., *de Salv. inter.* (43, 33): *Si
colonus res in fundum duorum pignoris nomine intulerit,
ita ut utrique in solidum obligatæ essent, singuli adversus extraneum salviano interdicto recte experientur.
Inter ipsos vero si reddatur hoc interdictum, possidentis conditio melior erit. At si id actum fuerit ut pro
partibus res obligaretur, utilis actio et adversus extraneos et inter ipsos dari debebit, per quam dimidias
partes possessionis singuli adprehendent.*

A ce texte il faut joindre le fragment d'Ulpien qui forme la loi 2 du même titre, et se réfère à la même hypothèse : *In salviano interdicto si in fundum commu-
nem duorum pignora sint ab aliquo invecta, possessor
vincet, et erit eis descendendum ad servianum judi-
cium.*

Il résulte de ces lois que, si les *res inductæ* avaient été
engagées *in solidum* au profit de l'un et l'autre des locateurs, l'exercice de l'interdit était possible de la part de
chacun d'eux contre les tiers ; mais que si le conflit avait
lieu entre les deux copropriétaires, c'était celui qui se
trouvait en possession qui remportait l'avantage, *conditio
melior erit.*

Ce résultat semble peu conforme à la justice; mais il
ne faut pas oublier que cet avantage n'a rien de définitif,
et que le vaincu dans le débat soulevé par l'interdit peut
être vainqueur avec l'action servienne. Enfin, la dernière
partie de la loi 1, § 1, prévoit une seconde hypothèse,
celle où il a été convenu entre le fermier et les locateurs

copropriétaires que les *invecta* ne seraient engagés au profit de chacun d'eux que pour partie. Dans ce cas l'interdit était accordé à chacun des copropriétaires, non seulement contre les tiers, mais encore contre son copropriétaire, s'il prétendait obtenir la possession de la totalité des meubles introduits dans le fonds.

Ainsi le débat sur l'interdit était un débat provisoire portant uniquement sur la possession ; mais la circonstance de la possession, décisive quand il s'agissait de trancher le conflit soulevé entre les copropriétaires par l'interdit, perdait son importance quand, par l'exercice de l'action servienne, on arrivait à juger la question de droit réel.

Mais ici se présente une objection dont on ne peut se dissimuler la gravité : c'est celle que l'on tire de la loi 10 D. *de Pign. et hyp.* (20, 1). Ulpien, en effet, qui, dans la loi 2 *de Salviano interdicto*, présente l'action servienne comme régie par des principes tout différents de ceux de l'interdit, et qui invite le vaincu sur l'interdit à user de la nouvelle ressource que lui offre l'action servienne, ce même Ulpien, dans la loi 10 *de Pign. et hyp.*, enseigne formellement que l'action servienne obéit aux mêmes règles que l'interdit, et que, dans le nouveau débat qu'elle ouvre entre les deux copropriétaires, le possesseur sera encore une fois préféré et demeurera en définitive victorieux. Voici ce texte : *Si debitor res suas duobus simul pignori obligaverit, ita ut utrique in solidum obligatæ essent, singuli in solidum adversus* EXTRANEOS SERVIANA *utentur ; inter ipsos autem si quæstio moveatur,* POSSIDENTIS *meliorem esse conditionem...*

Comment sortir de cette difficulté ? comment expliquer cette antinomie dans deux fragments appartenant au même auteur ? et à laquelle des deux opinions doit-on s'arrêter ? Les commentateurs ont donné diverses solutions à cette difficulté ; mais la seule explication qui nous semble satisfaisante est celle qui supprime radicalement l'antinomie en corrigeant la loi 10, et en y remplaçant le mot *serriana* par le mot *salviano*. On voit de suite la portée de cette correction ; la loi 10, loin d'être alors en désaccord avec les autres textes sur la matière, n'est plus que la reproduction presque littérale de la loi 1, § 1, *de Salv. interd.*, et vient ainsi confirmer le caractère provisoire et tout possessoire de l'interdit, qui ne préjuge en rien la question de droit réel, qui sera tranchée lors de l'exercice de l'action. Grâce à cette correction, toute difficulté disparaît ; mais il reste à la justifier. Cujas avait remarqué que la loi 10 *de Pign. et hyp.*, et la loi 1, § 1, *de Salv. interd.*, présentent dans leur rédaction la plus grande analogie, et il en avait tiré cette conclusion, que sans doute ces deux textes étaient, pour ainsi dire, copiés l'un sur l'autre et traitaient tous deux de l'action servienne ; mais que Tribonien avait dû, par une correction malheureuse, transporter à l'interdit ce qui, dans la loi 1, avait été écrit pour l'action servienne. L'idée de sortir de la difficulté par une correction de texte n'est donc pas nouvelle, seulement la correction de Cujas est précisément en sens inverse de celle par nous admise. Avant de justifier cette dernière, quelques mots sur les motifs qui nous font repousser celle de Cujas : et d'abord, le seul fait de faire triompher provisoirement dans le débat sur l'interdit le copropriétaire en possession semble déjà une sorte d'atteinte portée à la justice ; car son compétiteur a en réalité autant de droit que lui ; mais cet inconvénient perd beaucoup de son importance si l'action servienne, obéissant à d'autres règles, n'attache plus, pour trancher définitivement la question, une influence prépondérante à cette circonstance de la possession. L'injustice, au contraire, serait étrange si, comme le voudrait Cujas, on appliquait la règle *possessor vincet* à l'action servienne elle-même, et si le fait de la possession avait ainsi une influence décisive sur un droit réel d'hypothèque.

De plus, comment expliquer que les compilateurs du Digeste, trouvant un texte relatif à l'action servienne, qui seule avait alors une utilité pratique sérieuse, l'aient, par une interpolation volontaire, transformé en une loi sur l'interdit salvien, dont l'usage, à cette époque, avait presque entièrement disparu, comme le prouve la place relativement très-petite que cet interdit occupe au Digeste.

La transformation inverse, au contraire, est beaucoup plus probable. En effet, les deux textes, loi 1, § 1, *de Salv. interd.*, et loi 10 *de Pign. et hyp.*, s'occupent de la même hypothèse ; les termes ont tellement d'analogie, qu'il est permis de supposer qu'Ulpien, quand il écrivait la loi 10, avait sous les yeux le livre de Julien auquel la loi 1 est empruntée ; et, en remontant à l'origine de la loi 1, on voit qu'elle est tirée du XLIX livre du Digeste de Julien ; or, quoique les fragments de Julien soient peu nombreux dans la compilation de Justinien, il en est qui établissent que c'était bien dans cette partie de son ouvrage qu'il s'occupait des interdits ; la loi 19 *de Pre-*

cario, D. (43, 26), est en effet tirée du même livre XLIX
du Digeste de Julien, comme la loi 17 *de Vi*, D. (43, 16),
l'est du livre XLVIII du même ouvrage. Donc Julien,
dans la loi 1, § 1, traitait bien en réalité de l'interdit
salvien, et ce n'est point là qu'il y a eu interpolation. Au
contraire, la loi 10 *de Pign. et hyp.* est extraite du
livre LXXIII du commentaire d'Ulpien sur l'édit ; or
le fragment du même jurisconsulte qui forme la loi 1 D.
de Migrando (43, 32), provient du même livre LXXIII,
ad Edictum, et prouve ainsi qu'Ulpien n'a point dû
écrire la loi 10 telle que nous la lisons, et que dans ce
texte, extrait d'un livre consacré aux interdits, il traitait
sans aucun doute de l'interdit salvien.

Ulpien est donc en réalité en parfaite conformité de
doctrine avec Julien ; comme lui il admet que l'influence
de la possession, prépondérante lorsqu'il s'agissait de
l'interdit, disparaissait lors du débat que soulevait l'action servienne, et il n'y a plus, dans tout ceci, qu'une ma-
ladroite correction imputable aux commissaires chargés
de la rédaction du Digeste.

C'est ici le lieu de rechercher si l'exercice de l'interdit
présentait quelque avantage à un locateur qui pouvait
user de l'action servienne. Cet avantage, s'il en existait
un, expliquerait comment, à l'époque classique, on ren-
contre l'interdit et l'action subsistant à côté l'un de
l'autre.

Plusieurs systèmes ont été proposés pour résoudre
cette difficulté, qui se présente également à propos d'autres interdits qui, eux aussi, semblent faire double emploi
avec des actions parallèles.

Le premier système nie que l'interdit offrit un avantage quelconque ; l'interdit aurait été remplacé par l'action, et se serait trouvé dès lors sans utilité. Mais comment expliquer ces textes qui parlent des deux institutions comme coexistantes? Comment expliquer le § 34 du commentaire III de Gaïus, qui dit formellement que l'héritier légitime, malgré la pétition d'hérédité qu'il peut mettre en jeu, a cependant un certain avantage à employer l'interdit *Quorum bonorum ?*

Un second système admet que le juge de l'interdit se contentait d'une preuve incomplète. Il est tellement naturel de ne triompher qu'en prouvant son droit, qu'il faudrait, pour justifier une exception à cette règle de bon sens, des textes bien formels; or il n'y en a pas ; tout au contraire, on trouve, à propos de l'interdit *Quorum bonorum* par exemple, des lois qui, comme la loi 1 au Code *Quorum bonorum* (8, 2), semblent bien exiger, pour triompher par cet interdit, une preuve absolue et complète.

Enfin, un troisième système, qui est celui que nous adoptons, consiste à ne voir dans l'interdit qu'un moyen de faire régler un débat tout possessoire, en réservant le fond du droit. C'est la solution donnée par les glossateurs, défendue par Doneau ; et, si elle ne supprime pas toutes les difficultés, elle est du moins la seule qui rende compte des particularités de la matière. L'interdit avait donc tous les avantages attachés aux voies possessoires ; le demandeur, pour triompher, devait établir la convention expresse qui engageait les meubles, l'apport de ces meubles ; mais on n'exigeait pas de lui la preuve que le droit de gage avait été valablement constitué (l. 1, § 5, D., *de Migrando*, 43, 32), preuve que devait faire le demandeur dans l'action servienne (1. 23, D., *de Probat.* 22, 3).

En outre, au temps des jurisconsultes classiques, l'interdit pouvait présenter, par sa procédure même, des avantages de nature à le faire préférer à l'action servienne. Les glossateurs, alors que la procédure des interdits était mal connue, avaient supposé, sans pouvoir le prouver, qu'elle devait être très-rapide, et cette rapidité était pour eux un nouvel avantage. La découverte des Commentaires de Gaïus n'est pas venue confirmer de tous points cette hypothèse. On sait en effet aujourd'hui que la procédure des interdits avait lieu tantôt *cum pœna,* tantôt *sine pœna,* par suite de l'obtention d'une formule arbitraire ; or chacune de ces manières d'agir présentait un avantage particulier. Pour le demandeur sûr de son droit, la perspective du bénéfice d'une *sponsio pœnalis* était une raison de préférer l'interdit à l'action. La procédure *cum periculo* était-elle évitée par la demande d'une formule arbitraire, alors la simplification qui en résultait amenait dans le règlement de l'instance une rapidité qui à elle seule était un avantage appréciable.

Ces particularités de procédure peuvent donc expliquer comment, l'interdit conservant une certaine utilité même après l'introduction de l'action servienne, ces deux institutions ont pu subsister à côté l'une de l'autre.

Le préteur ne protégeait pas seulement les droits du propriétaire ; il avait également créé un interdit pour défendre ceux du locataire contre l'abus que le propriétaire pouvait faire de son droit de *prœclusio.* Le titre 32 du livre XLIII du Digeste est consacré à cet interdit, appelé *de Migrando.*

Il était accordé au locataire qui, après avoir payé son loyer, voulait déménager et en était empêché par le propriétaire, qui s'opposait à l'enlèvement des meubles. Le préteur intervenait alors ; voici comment il s'exprimait à ce propos dans son édit : *Si is homo, de quo agitur, non est ex his rebus de quibus inter te et actorem convenit, ut quæ in eam habitationem quo de agitur, introducta, importata, ibi nata, factave essent, ea pignori tibi pro mercede ejus habitationis essent ; sive ex his rebus esset, ea merces tibi soluta eove nomine satisfactum est, aut per te stat quominus solvatur ; ita, quominus ei qui eum pignoris nomine induxit, inde abducere liceat, vim fieri veto* (l. 1 pr. D. *de Migrando*, 43, 52).

Cet interdit était prohibitoire et perpétuel, c'est-à-dire accordé aux héritiers et contre les héritiers (l. 1, § 6, ejusd. tit.). Il n'appartenait qu'au locataire de maison, comme le prouvent ces mots de l'édit *in eam habitationem*. Pour le colon, il était protégé *extra ordinem*, *officio judicis*, parce qu'il importait à la chose publique que les instruments d'agriculture ne fussent pas retenus par les créanciers (l. 8 C. *Quæ res pign. obl. pos.*, 8, 17, auth. *agricultores*). Ulpien (l. 1, § 2, *de Migrando*), nous apprend que le même mode de protection avait fini par être accordé au locataire de maison, ce qui avait singulièrement diminué l'importance de cet interdit *de Migrando*.

La principale condition exigée du locataire pour triompher dans cet interdit était qu'il eût complétement désintéressé le locateur, c'est-à-dire qu'il devait lui avoir payé non-seulement les termes échus, mais encore les termes à échoir. Tous, en effet, sont garantis par l'hypothèque tacite : *Proinde si semenstrem solvit, sexmenstris debeatur, inutiliter interdicet, nisi solverit et sequentis sexmenstris... Idem est et si quis in plures annos conduxerit, et nondum præterierit tempus. Nam cum in universam conductionem pignora sunt obligata, consequens erit dicere, interdicto locum non fore, nisi liberata fuerint* (l. 1, § 4, de Migr.).

Deuxiéme Partie

ANCIEN DROIT FRANÇAIS.

Notre ancien droit accordait aussi au locateur un privilége qu'il avait emprunté aux traditions romaines, mais
en les modifiant sur certains points. En effet, on vit
peu à peu disparaître dans les pays coutumiers la différence entre l'hypothèque tacite du locateur de ferme,
qui à Rome ne frappait que les fruits, et celle du locateur de maison, qui s'étendait sur tous les *invecta et illata*.

Cette différence est cependant énoncée comme encore
existante dans quelques anciens traités. Ainsi, dans une
compilation d'un auteur inconnu du xvᵉ siècle, qui
semble commenter la coutume du Poitou, nous trouvons la distinction très-nettement posée : *Si aucun
bourgois ou citoyen d'une cité loue à aucun un sien herbergement ou maison en la cité, les choses estans en la-
dicte maison sont taisiblement obligées pour le loïer
selon droit. Et est appelé tel loyer de maison en cité
PREDIUM URBANUM. Et se feroit exécution sur iceulx
biens pour le loïer dessus dit. Mais pour le loïer d'un
herbergement ou maison estans hors de cité, comme en*

*villes champestres ou en villages, les biens meubles ne
sont pas obligiez...* (le Livre des Droiz et des Commande-
mens d'office de justice, N. 913). Même au temps où
écrivait Pothier (Proc. civ., part. 4, ch. ii, section ii,
art. 7, § 2), quelques coutumes suivaient encore sur ce
point les traditions romaines. Mais le plus grand nombre,
parmi lesquelles celles de Paris et d'Orléans, allaient
plus loin, et accordaient au seigneur de métairie un droit
de gage non-seulement sur les fruits, mais encore sur les
meubles introduits dans la ferme, absolument comme
au locateur de maison.

Que devait-on décider dans les coutumes muettes?
Pothier nous apprend que, malgré un arrêt du 22 novembre 1658, décidant que les locateurs de métairie
n'avaient privilége que sur les fruits sous l'empire de
ces coutumes, et que la coutume de Paris ne devait pas
faire loi hors de son territoire, l'opinion inverse était
suivie, et Basnage, dans son *Traité des Hypothèques,*
considère le droit du seigneur de métairie sur les meubles
comme d'un usage général dans la France coutumière.
Toutefois Ferrière (sous l'art. 171 de la cout. de Paris)
défend l'opinion inverse, et soutient que, dans les coutumes muettes, « le premier saisissant les meubles ou
« chevaux trouvés en une ferme tenue par son débiteur,
« est préféré sur la vente d'iceux au propriétaire de la
« ferme opposant pour ses redevances. » C'était donc là
une de ces nombreuses questions controversées dans
l'ancien droit, et qui montraient si bien la nécessité
d'une loi unique pour tout le territoire.

Le privilége du bailleur s'étendait à tous les fruits re-
cueillis sur les terres de la métairie, et à tous les meubles

garnissant la maison ou la ferme. « Les meubles, nous
« dit Pothier (Louage, n° 245), pour être sujets au droit
« que la coutume accorde au locateur, doivent exploiter
« la maison ou métairie qui a été louée. Quels sont les
« meubles qui sont censés exploiter? Ce sont ceux qui
« paraissent y être pour y demeurer, ou pour y être con-
« sommés, ou pour garnir la maison. »

Peu importe, du reste, que ces meubles appartiennent
ou non au locataire. L'art. 456 de la coutume d'Orléans,
qui dispose « que si un créancier *autre que de loyer de*
« *maison*, arrérages de rentes foncières ou maison, fait
« prendre par exécution aucuns biens meubles qu'il
« prétend appartenir à son débiteur, et qu'un tiers op-
« posant maintienne lesdits biens lui appartenir, il sera
« reçu, » fournit un argument *a contrario* pour écarter
la réclamation du propriétaire des meubles quand c'est
le créancier des loyers qui opère la saisie. Pothier, au
reste, met cette décision au nombre des interprétations
fondées sur un usage constant, et il la justifie par cette
considération que, sans cela, les précautions prises par
les coutumes pour assurer au locateur le payement de
ses loyers seraient souvent vaines ; car, comment le propriétaire pourrait-il savoir exactement à quel titre son
locataire possède les meubles introduits dans les lieux
loués ? Il ne peut s'assurer que d'une chose, que les lieux
sont garnis ; mais cela fait, on ne doit rien exiger de plus
de sa prudence, et les meubles doivent être obligés,
qu'ils appartiennent ou non au locataire.

Il y a, en outre, de la part du propriétaire de meubles
qui consent ainsi à les laisser placer dans une maison
louée, comme un consentement tacite à les laisser égale-

ment frapper par le privilége du bailleur. Aussi ce privilége n'atteignait-il pas les meubles qui n'avaient été
introduits dans les lieux loués qu'à l'insu de leurs
propriétaires et malgré leur volonté, comme par
exemple des meubles volés.

Quant à l'argent monnayé qui se trouvait dans la maison, et aux créances dont les cédules ou obligations y
étaient renfermées, ces meubles n'étaient pas frappés
par le privilége du locateur. On considérait que l'argent
n'était pas destiné à demeurer dans la maison, mais bien
à être dépensé (Auzanet, sur l'art. 161 de la Cout. de Paris),
et que les créances, étant des choses incorporelles, n'ont
pas, à proprement parler, de lieu de situation, et, par
conséquent, *n'exploitant* pas la maison, ne doivent pas
répondre des loyers.

La coutume de Paris, relativement aux meubles des
sous-locataires, suivait la règle romaine, et ne les frappait du privilége que jusqu'à concurrence du prix de la
sous-location. Cette disposition, dit Pothier (Louage, 235),
était suivie dans les coutumes qui n'en ont point de contraire. Il y avait donc des coutumes s'écartant de la solution si équitable du droit romain. La coutume d'Orléans
était de ce nombre ; voici son article 408 : « Le seigneur
« d'hôtel peut faire exécution sur tous les meubles qu'il
« trouve en son hôtel, pour le paiement des loyers qui
« lui sont dus, encore que celui sur lequel l'exécution
« sera faite ne tinst que partie de la maison. »

Nous avons vu sur quels biens, dans l'ancien droit,
existait le privilége dont nous nous occupons, examinons maintenant quelle était son étendue et comment il
s'exerçait.

Sur ce point, la plus grande variété régnait dans les coutumes; ne pouvant donner un résumé, même incomplet, de leurs différentes dispositions à ce sujet, nous nous contenterons d'examiner en quelques mots celles des coutumes d'Orléans et de Paris.

A Orléans, le privilége du locateur garantissait le payement de tous les loyers sans distinction suivant la nature du bail, et le bailleur, pour empêcher le déplacement des meubles affectés à son privilége, ou en obtenir le rétablissement quand ils avaient été déplacés, pouvait agir soit par voie de saisie, soit par voie d'action.

L'article 419 de la coutume est relatif à la voie d'action : « Si le locataire ou autre que le seigneur d'hôtel « ou de rente foncière enlevait les biens étant en l'hôtel « baillé à loyer, sans le consentement du locateur, icelui « locateur peut appeler ledit locataire ou celui qui a en- « levé lesdits biens, pour les rétablir audit hôtel pour « sûreté de trois termes derniers, si tant il en prétend ; « et en outre, peut contraindre ledit locataire à garnir « ladite maison pour l'année à venir. » Par cette voie, le bailleur faisait rétablir les meubles déplacés en s'adressant, soit aux locataires ou à leurs complices, soit même à ceux qui les possédaient de bonne foi.

Les articles 415 et 416 établissent la voie de saisie. Cette saisie est possible en quelques mains que se trouvent les meubles déplacés; seulement, une autorisation du juge est nécessaire pour les saisir dans la maison d'un tiers, et toute saisie est impossible s'ils ont été vendus à l'encan, à la requête d'un créancier, ou même simplement en foire ou en marché public.

Bien que le texte de la coutume fût muet sur ce

point, l'usage avait restreint le temps pendant lequel le propriétaire pouvait, par l'une de ces deux voies, poursuivre les meubles déplacés. On lui accordait à cet effet huit jours pour les maisons de ville, et quarante jours pour les métairies. Passé ce délai, que nous retrouvons dans le Code Napoléon, le grand principe *meubles n'ont point de suite par hypothèque,* reprenait tout son empire.

Enfin, l'article 406 de la coutume d'Orléans accordait encore au locateur, sur les meubles de son locataire, un droit d'exécution qui dérogeait sur plusieurs points au droit commun.

Quelle était, dans le ressort de la coutume de Paris, l'étendue du privilége du propriétaire? Les commentateurs sont loin d'être tous d'accord sur ce point : les uns admettent, comme Ferrière, que le privilége s'étend à tous les termes échus sans distinction suivant la nature du bail ; les autres le restreignent à une année au cas de bail verbal ou sous signatures privées ; les uns comme les autres invoquent l'usage, et l'absence de disposition formelle sur ce point dans le texte même de la coutume explique seule cette contradiction.

Nous avons cependant, pour trancher ce débat, une autorité d'un très-grand poids, qui se prononce nettement en faveur de la distinction que nous trouvons écrite aujourd'hui dans le Code Napoléon. Cette autorité, c'est la jurisprudence du Châtelet de Paris, attestée par plusieurs *actes de notoriété.* On nommait ainsi les déclarations par lesquelles les juges d'un siége, après avoir pris l'avis des avocats et des procureurs, affirmaient l'usage suivi relativement au point sur lequel ils étaient consultés. On comprend qu'il fût parfois difficile de démêler quel était le véritable usage, quand chacun des plaideurs pouvait invoquer en sa faveur des précédents ; c'était dans ce cas que, primitivement, on ordonnait une enquête par turbe ; mais ces enquêtes, dont les inconvénients furent vite reconnus, ayant été supprimées par l'ordonnance de 1667, l'usage s'introduisit d'y suppléer en demandant un acte de notoriété. Ces actes n'obligeaient pas les juges ; mais ils n'en ont pas moins une grande importance, puisqu'ils nous apprennent quel était l'usage suivi sur un point donné.

On trouve donc, dans les recueils des actes de notoriété du Châtelet de Paris, trois de ces actes qui sont relatifs à l'étendue du privilége du locateur. Ils portent les dates des 7 février 1688, 24 mars 1702, 19 septembre 1716, et tous trois affirment très-nettement la distinction résultant de la nature même du bail. Voici comment est conçu l'un d'eux, celui du 19 septembre 1716 :

« Nous... disons que le privilége d'un propriétaire de mai-
« son sur les meubles de son locataire étant dans sa maison,
« est non-seulement fondé sur la disposition du droit, mais
« encore sur celle des coutumes, et notamment de la
« coutume de Paris, laquelle, par la force de ce privi-
« lége, donne, par l'article 161, droit au propriétaire
« de saisir et gager les meubles étant dans sa maison,
« sans autre titre que la qualité de propriétaire ; et, par
« l'article 171, le droit de suivre les meubles saisis par
« d'autres créanciers du locataire, quoique transportés,
« pour être premier payé de ses loyers.

« Quant à l'étendue de ce privilége, et pour quelle
« quantité de loyers il doit avoir son effet, on distingue

« s'il y a bail par-devant notaire, ou s'il n'y a bail que
« sous seing privé, ou même s'il n'y a point de bail ;
« dans les deux derniers cas, le privilége du proprié-
« taire contre les autres créanciers du locataire n'a lieu
« que pour trois termes échus et le courant.

« Mais lorsqu'il y a bail passé par-devant notaire, le
« privilége du propriétaire contre les créanciers du loca-
« taire a lieu pour tous les loyers échus et qui doivent
« échoir pendant le temps pour lequel le bail a été fait,
« et pour toutes les charges dudit bail, comme sont les
« réparations locatives, parce que c'est un titre authen-
« tique qui assure au propriétaire le droit et le privilége
« que la qualité de sa créance lui donne sur les meubles
« étant dans sa maison. Ce qui a toujours été jugé ainsi
« au Châtelet en faveur des propriétaires contre les
« créanciers de leurs locataires, sauf auxdits créanciers
« à faire leur profit de la maison pendant le temps qui
« reste à expirer du bail. »

Il résulte de cet acte, rapproché des deux autres qui
viennent le confirmer, que la jurisprudence du Châtelet
de Paris, quoi qu'en aient pu dire certains auteurs, faisait, comme l'art. 2101 du Code Napoléon, une distinction, quant à l'étendue du privilége, suivant que le bail
était en la forme d'un acte authentique ou qu'il n'était
formé que par une simple convention verbale ou sous
seing privé. Dans le premier cas, tous les loyers dus et tous
ceux à échoir jusqu'à l'expiration du bail étaient privilégiés, et les créanciers avaient le droit de sous-louer. Le
bail était-il verbal ou sous seing privé, alors le privilége
était exclusivement restreint à trois termes et le courant,
c'est-à-dire à une année. D'Argout, qui, dans son *Insti-*

tution au droit français, fait remarquer cette restriction du privilége au cas de bail non authentique, l'explique d'abord par le peu de faveur que mérite le propriétaire négligent qui laisse s'accumuler plus de trois quartiers ; puis il ajoute « que si on étendait ce privilége à tous les « loyers échus durant le cours du bail, cela pourrait don- « ner lieu à une infinité de fraudes. »

La coutume de Paris mettait à la disposition du loca- teur diverses manières d'exercer son privilége. Et d'a- bord, sans parler de l'hypothèque générale sur tous les biens du preneur que l'ancien droit reconnaissait au bailleur, si le bail avait été fait devant notaire, le locateur pouvait, en vertu de cet acte authentique, saisir les meubles du locataire. De plus, la coutume de Paris ac- cordait à tout locateur un certain droit de suite par l'ar- ticle 171, que voici : « Toutefois, les propriétaires des « maisons sises ès villes et fauxbourgs, et fermes des « champs, peuvent suivre les biens de leurs locatifs ou « fermiers exécutés, encore qu'ils soient transportés, « pour être premiers payés de leurs loyers ou maisons, « et iceux arrester, jusqu'à ce qu'ils soient vendus et dé- « livrés par autorité de justice. » En quoi consiste au juste cette faveur accordée au bailleur, c'est ce qu'il im- porte de déterminer. Et d'abord, ce droit de suite, qui est une exception au principe posé par l'article 170, ne pouvait empêcher le locataire de disposer de l'un de ses meubles, si le surplus du mobilier était encore suf- fisant pour donner toute sécurité au bailleur. Le meuble une fois vendu sans fraude et livré à l'acheteur de bonne foi, le propriétaire n'était pas recevable à le faire saisir; car sans cela, comme le fait remarquer Bacquet, le locataire ne pourrait plus s'aider de ses biens. S'il y avait fraude, si, par exemple, l'enlèvement avait lieu la nuit, la revendication était possible, pendant un bref délai, parce qu'alors il y avait en quelque sorte vol de la possession au détriment du bailleur; mais le droit de suite de l'article 171 est tout autre chose. La faveur que cet article accorde au propriétaire consiste à ne point lui appliquer la règle posée par l'article 178 de la coutume, à savoir, que le premier saisissant doit être le premier payé. Malgré la saisie des meubles du locataire faite à la requête de l'un de ses créanciers, malgré le transport de ces meubles hors des lieux loués, le locateur pouvait faire opposition à la vente, et forcer ainsi les créanciers saisissants à le payer de tous ses loyers échus et à échoir. Une pareille disposition était bien dangereuse. Aussi Bourjon, tout en reconnaissant que tel était l'usage, signale les abus auxquels il donnait lieu, et déclare « qu'il « serait du bien public, qui est la loi suprême, de re- « streindre cette trop grande étendue du privilège du « bailleur » (*Droit commun de la France*, t. II, tit. VIII). C'est ce qu'a fait notre Code de procédure civile dans l'article 609, qui dispose que les créanciers du saisi, pour quelque cause que ce soit, même pour loyers, ne peuvent former opposition que sur le prix de vente.

La coutume de Paris accordait, enfin, au bailleur non payé le droit de procéder, pour les loyers dus, par voie de gagerie sur les meubles qui étaient dans la maison. Cette gagerie n'était autre chose qu'une saisie de meubles sans déplacement, par laquelle la chose arrêtée devenait le gage spécial du créancier; on pouvait y procéder sans titre exécutoire, sans jugement de condamnation. C'était

donc une saisie dont l'effet se bornait à arrêter les
meubles dans les lieux où ils se trouvaient. Mais cette
saisie était toute provisoire, et ne conduisait pas directement et immédiatement à la vente des meubles saisis, et
c'est en cela qu'elle différait de la voie d'exécution accordée par la coutume d'Orléans. A Paris, le propriétaire,
après avoir saisi-gagé les meubles de son locataire sans
titre exécutoire, devait donner assignation au saisi, pour
voir ordonner que les meubles saisis par simple gagerie
seraient vendus ; mais la vente n'était possible qu'après
avoir été ordonnée par justice. Tous les intérêts étaient
ainsi sauvegardés ; l'intérêt du propriétaire, qui, même
sans titre exécutoire, pouvait rapidement pourvoir à la
conservation de ses droits ; l'intérêt du saisi, qui, en
définitive, n'était réellement dépouillé qu'en exécution
d'un jugement.

Au reste, la gagerie n'était pas spéciale au locateur ;
la coutume de Paris l'accordait dans trois cas : 1° au
seigneur censier, faute de payement de trois années d'arrérages du cens dû par les héritages tenus en censive
dans la ville et dans la banlieue de Paris (art. 86) ; 2° au
seigneur de rente foncière, pour trois années d'arrérages
d'une rente foncière due sur une maison située à Paris
ou dans les faubourgs (art. 105) ; 5° enfin, d'après l'article 161, au propriétaire d'une maison louée.

Cette voie de gagerie avait remplacé à Paris un autre
procédé employé pour mettre en sûreté le gage du bailleur, et qui consistait à lui permettre, au cas de non-
payement, de fermer l'huis de la porte et de le verrouil-
ler ; certaines coutumes, et notamment celle d'Aurillac,
coutume locale de la coutume générale d'Auvergne,

avaient une disposition formelle sur ce point : « Les
« maîtres des maisons louées, dit l'article 2, peuvent
« retenir pour le salaire les biens meubles des locataires,
« et fermer les portes des maisons jusqu'à ce qu'ils
« soient payés du louage. » Cette exécution rigoureuse
avait été remplacée par la gagerie dans la prévôté et vi-
comté de Paris.

On pouvait saisir-gager non-seulement pour le payement des loyers, mais encore pour celui des réparations
locatives et de toutes les charges du bail. Cette voie
spéciale et exceptionnelle n'était, il est vrai, accordée
que pour les seuls loyers dus, par l'article 161 de la
coutume ; mais l'extension se justifiait facilement par les
termes mêmes de l'article suivant. Cet article, ajouté
lors de la réforme pour l'interprétation de l'article 161,
a trait au droit du propriétaire à l'égard des sous-locatifs,
et il est ainsi conçu : « S'il y a des sous-locatifs, peuvent
« être pris leurs biens pour ledit loyer *et charges du*
« *bail...* » Le privilége accordé au bailleur par l'art. 161
s'étend donc à toutes les charges du bail ; il s'étendait
même aux sommes que le preneur pouvait devoir à titre
de dommages-intérêts pour détériorations ou abus de
jouissance ; ce sont là, en effet, des suites du bail.

Etait-il nécessaire, pour procéder à la gagerie en vertu
d'un titre sous signature privée, de demander une autorisation au juge ? Il y avait eu doute, paraît-il, sur ce
point. Cependant la négative était généralement admise ;
et, comme le fait remarquer Pothier, « le seigneur d'hô-
« tel ne devait pas avoir besoin d'une permission du
« juge pour procéder à cette gagerie, puisque la loi
« elle-même lui en a accordé la permission. »

Comme la gagerie n'était possible que sur les meubles qui avaient été introduits dans la maison louée, et que ces meubles seuls étaient frappés par le privilége du bailleur, celui-ci pouvait contraindre le preneur à garnir les lieux loués d'un mobilier suffisant pour répondre du loyer. Et en cas d'insuffisance, suivant l'usage du Châtelet, rapporté par Brodeau (sur l'art. 161, n° 26), le commissaire du quartier était commis pour se transporter dans la maison louée et faire son rapport sur la valeur du mobilier qu'elle renfermait ; si l'insuffisance était constatée, le locataire était expulsé.

Il nous reste à indiquer quel était le rang du privilége du locateur. La classification des priviléges laissait beaucoup à désirer dans l'ancien droit ; et il ne pouvait guère en être autrement, alors que l'usage pouvait créer de nouveaux priviléges, pour la classification desquels l'analogie seule donnait quelque indication utile. De plus, sur ce point comme sur tout le reste, la variété la plus grande régnait en France.

Voici cependant la classification donnée par Pothier : en première ligne se trouvaient les frais de saisie ; puis les frais funéraires, le privilége des moissonneurs et des valets de labour, celui du propriétaire, et les frais de dernière maladie ; enfin les autres priviléges particuliers. Toutefois, les frais de dernière maladie n'étaient pas rejetés par tous les commentateurs après les fermages et loyers, et certains auteurs plaçaient ces frais au même rang que les frais funéraires, et par conséquent avant le privilége accordé au seigneur d'hôtel ou de métairie.

Quant aux vendeurs de semences, ils avaient bien à Orléans un privilége sur la récolte, mais il ne prenait rang qu'après celui du propriétaire. Aussi Pothier fait-il remarquer que les marchands de semences qui faisaient des avances aux fermiers avaient soin d'obtenir au préalable du propriétaire un billet par lequel celui-ci déclarait consentir à laisser le marchand se payer avant lui, sur la récolte, de ses avances.

Troisième Partie

DROIT ACTUEL

Nous avons vu, dans les deux premières parties de ce travail, en quoi consistait le privilége accordé au locateur à Rome et dans notre ancienne France.

Le Code civil, en substituant à la variété de nos coutumes la précision de sa rédaction, a supprimé un grand nombre de difficultés qui divisaient nos anciens jurisconsultes ; mais cette rédaction nouvelle a fait naitre de nouvelles questions, et, sur plus d'un point, le doute que l'on avait cru éviter a reparu. De plus, l'étendue du privilége du locateur, tel qu'il est écrit dans notre Code, a semblé exagérée, et les vives critiques dont il a été l'objet ont amené le législateur à retoucher son œuvre. La modification que le projet en ce moment soumis au Corps législatif apporte, en cas de faillite, à l'article 2102 1°, est une nouvelle preuve de l'intérêt qui s'attache à un sujet qui a pu éveiller ainsi la sollicitude du législateur. Au reste, cette tendance à amoindrir l'énergie et l'étendue du privilége dont il s'agit n'est pas particulière à la France ; elle semble générale, et nous avons même été devancés dans cette voie par les nations qui, comme la Belgique et l'Angleterre, prennent d'ordinaire l'initiative des progrès économiques (1).

Rien de plus naturel que de chercher à faciliter les locations, en donnant à celui qui livre son champ ou sa maison à un tiers, une garantie qui lui assure le payement de la somme en échange de laquelle il veut bien consentir à ne pas tirer lui-même de son bien les avantages qu'il est susceptible de produire. Aussi peut-on dire que ce privilége n'est pas créé uniquement en faveur du propriétaire, mais que son but est surtout de permettre aux personnes obligées de se loger dans une maison louée, de décider le propriétaire à leur consentir un bail. C'est donc le locataire qui profite le premier de ce privilége, en apparence si dur pour lui.

C'est dans la première partie de son article 2102 que le Code Napoléon consacre le privilége du locateur; ce texte est ainsi conçu : « Les créances privilégiées sur « certains meubles sont :

« 1° Les loyers et fermages des immeubles sur les « fruits de la récolte de l'année et sur le prix de tout ce « qui garnit la maison louée et la ferme; et de tout ce « qui sert à l'exploitation de la ferme, savoir, pour tout « ce qui est échu, et pour tout ce qui est à échoir, si les « baux sont authentiques, ou si, étant sous signature « privée, ils ont date certaine; et, dans ces deux cas,

(1) On peut voir à ce sujet l'article 2102 1° du Code belge modifié par la loi du 16 décembre 1851, et l'acte sur les faillites adopté par l'Angleterre (an act to amend the law relating to bankruptcy and insolvency in England, 6th August 1861). Une correspondance, insérée dans le numéro du Moniteur du 29 décembre 1867, signale également, comme venant de recevoir la sanction parlementaire, un bill destiné à restreindre, d'une manière très-sensible, en Ecosse, le privilége du propriétaire pour le payement de ses fermages.

« les autres créanciers ont le droit de relouer la maison
« ou la ferme pour le restant du bail, et de faire leur
« profit des baux ou fermages, à la charge toutefois de
« payer au propriétaire tout ce qui lui serait encore dû ;

« Et à défaut de baux authentiques, ou, lorsqu'étant
« sous signature privée, ils n'ont pas une date certaine,
« pour une année, à partir de l'expiration de l'année
« courante ;

« Le même privilége a lieu pour les réparations loca-
« tives et pour tout ce qui concerne l'exécution du bail;

« Néanmoins, les sommes dues pour les semences ou
« pour les frais de la récolte de l'année, sont payées sur
« le prix de la récolte, et celles dues pour ustensiles,
« sur le prix de ces ustensiles, par préférence au pro-
« priétaire, dans l'un et l'autre cas ;

« Le propriétaire peut saisir les meubles qui gar-
« nissent sa maison ou sa ferme lorsqu'ils ont été dé-
« placés sans son consentement, et il conserve sur eux
« son privilége, pourvu qu'il ait fait la revendication;
« savoir, lorsqu'il s'agit du mobilier qui garnissait une
« ferme, dans le délai de quarante jours ; et dans celui
« de quinzaine, s'il s'agit de meubles garnissant une
« maison. »

Voici quel sera l'ordre que nous suivrons dans le commentaire de ce texte : nous examinerons successivement :

1° Au profit de qui le privilége est établi ;

2° Sur quels objets il porte ;

3° Quelles créances il garantit ;

4° Dans quelles limites la créance de loyer est privilégiée ;

5° En quoi consiste le droit de relocation accordé aux créanciers ;

6° Ce que devient le privilége du bailleur en cas de faillite du locataire ;

7° Comment le locateur peut exercer son privilége contre les tiers au moyen de la revendication ;

Et, 8°, quel est le rang du privilége du locateur en cas de conflit avec d'autres créanciers privilégiés.

CHAPITRE I.

Au profit de qui le privilége du locateur est établi.

Si l'on prenait à la lettre les termes mêmes de l'article 2102 1°, on serait tenté de n'accorder le privilége qu'au seul propriétaire ; mais les motifs qui ont fait admettre ce privilége, et surtout l'idée de nantissement sur laquelle il est fondé, montrent bien que c'est à la qualité de locateur, et non à celle de propriétaire, que le privilége est attaché. Il appartiendra à tout locateur d'immeuble, ou, pour parler d'une manière plus générale, à tous ceux qui ont droit aux loyers.

Ainsi le locataire peut sous-louer (art. 1717), quand le bail ne lui interdit pas formellement de le faire ; s'il use de ce droit, il aura privilége sur les meubles du sous-locataire, sans être cependant propriétaire. Il en est de même de l'usufruitier, qui, en vertu de l'article 595 du Code Napoléon, donne à ferme le fonds dont il a l'usufruit. Il n'en est pas propriétaire, mais sa qualité de locateur suffit pour lui assurer le privilége.

Au reste, il n'est pas nécessaire que le bail ait été fait

par celui-là même qui exerce le privilége. Ainsi, un propriétaire a fait différents baux avec plusieurs petits fermiers, puis, fatigué des détails d'une administration de
ce genre, il donne à bail à un nouveau fermier la totalité
de son domaine, en le subrogeant pour l'avenir dans ses
droits contre les fermiers partiels, par cette convention,
le propriétaire perdra le droit d'exercer sur les fruits son
privilége, qui passera immédiatement aux mains du fermier principal (1).

Que devient le privilége, si le locateur cesse d'être
propriétaire de l'immeuble loué? Cette question revient
à savoir si l'ancien propriétaire, auquel des loyers sont
dus, peut faire saisir les meubles de son ex-locataire
malgré les droits du nouveau locateur? Il est évident que
les droits du locateur actuel ne doivent pas être tenus
en échec par ce fait que le précédent locateur n'a pas été
payé. En effet, l'article 819 du Code de procédure n'accorde le droit de procéder par voie de saisie-gagerie
qu'au propriétaire actuel, qui est, pour ainsi dire, en
possession des meubles sur lesquels s'étend son privilége. Car, le privilége du locateur étant basé sur l'idée de
gage, le nouveau propriétaire a seul le droit de l'exercer,
parce que seul il peut être considéré comme nanti. Seulement, il pourrait se faire que le vendeur ait déclaré,
dans l'acte même, se réserver son privilége de bailleur ;
cette clause de la vente produirait effet entre les parties,
en ce sens que le premier propriétaire conserverait le
droit d'être payé le premier sur le prix des meubles vendus ; mais il n'aurait pas pour cela le droit de procéder

---

(1) Req. 14 févr. 1827. Dev. Coll. nouv. VIII, 1. 527.

contre son débiteur par voie de saisie-gagerie, la loi n'autorisant cette manière d'agir qu'en faveur du locateur actuel, et non en faveur de tout autre créancier même privilégié (1).

Bien que l'article 2102 1° ne parle que des *loyers et fermages*, et que, dans le langage juridique comme dans le langage vulgaire, ces mots ne soient pas employés pour désigner la redevance due par le métayer ou colon partiaire, il n'en faudrait pas conclure que le propriétaire qui donne son domaine à un métayer ne peut jamais se prévaloir du privilége de l'article 2102 1°. En effet, il est d'usage, dans les pays où le métayage s'est conservé, d'introduire dans les baux une clause par laquelle le métayer s'engage à payer annuellement une certaine somme pour son logement, sa part des impôts ou autres charges appelées souvent charges de culture. Or il n'est pas douteux que, pour le payement de cette somme, le propriétaire n'ait son privilége, comme il l'aurait pour les avances par lui faites au colon en vertu d'une clause du bail, ou pour la réparation des détériorations imputables au preneur; ce sont là, en effet, des créances relatives à l'exécution d'un bail, et, comme telles, privilégiées.

Il faut même aller plus loin, et décider que, pour la redevance en nature due par le métayer, le propriétaire est privilégié. En effet, l'article 1767 dispose que « tout « preneur de bien rural est tenu d'engranger dans les « lieux à ce destinés d'après le bail, » et cela sans distinguer, suivant que le prix de la location est une somme d'argent ou une portion des fruits. Or cette obligation

(1) Orléans, 23 novembre 1838. Sir. 39, 2, 127. Nîmes, 30 janvier 1820. Sir. 1820, 2, 105.

d'engranger dans les lieux à ce destinés n'a pas d'autre but que de permettre au propriétaire d'exercer son privilége. Ce privilége est donc accordé au propriétaire, même au cas de bail à métairie, pour obtenir, à l'encontre des créanciers saisissants, les fruits qui lui reviennent.

En résumé, tout locateur a droit au privilége, pourvu que la chose louée soit un immeuble. Les termes de l'article 2102 1° s'opposent, en effet, à ce que l'on applique le privilége aux locations portant exclusivement sur des meubles ; mais, si la location immobilière avait des meubles pour objet accessoire, le propriétaire n'en aurait pas moins privilége pour la totalité du prix fixé.

CHAPITRE II.

Quels objets sont frappés par le privilége du locateur.

Les objets sur lesquels porte le privilége du locateur ne sont pas les mêmes suivant qu'il s'agit de la location d'une ferme ou d'une maison; nous devons donc examiner successivement chacun de ces deux cas.

Et d'abord, quels sont les meubles frappés par le privilége quand c'est une ferme qui a été louée? Aux termes de l'article 2102 1°, le privilége s'étend alors sur trois catégories de meubles, savoir : sur les fruits de la récolte de l'année, sur le prix de tout ce qui garnit la ferme louée, et sur le prix de tout ce qui sert à l'exploitation de la ferme.

Le privilége accordé au propriétaire sur les fruits de

la récolte de l'année repose non-seulement sur l'idée de nantissement, mais surtout sur le droit de propriété que le bailleur a sur ces fruits, nés de sa chose, et qu'il n'abandonne au preneur que moyennant le payement du canon convenu. Il existe sur les fruits de l'année, qu'ils soient encore pendants par branches et par racines ou qu'ils aient été détachés du sol. En vain voudrait-on argumenter de l'article 520 du Code civil, qui déclare les fruits non détachés immeubles, pour prouver que le privilége dont nous nous occupons, qui est un privilége sur les meubles, est inapplicable aux fruits encore pendants. En effet, dès qu'ils sont séparés du sol, les fruits deviennent meubles (art. 521); de plus, c'est par voie de saisie mobilière que l'on procède à la saisie de ces fruits pendants (art. 626 C. proc. civ.), et l'art. 655 du même Code dispose formellement que le prix de la vente des fruits pendants ainsi saisis sera, non pas attribué aux créanciers hypothécaires, mais distribué par contribution comme prix de choses mobilières.

Tous les fruits, quels qu'ils soient, sont atteints par le privilége ; le vin lui-même doit être considéré comme fruit, car le raisin ne peut se conserver sous sa forme naturelle et doit immédiatement être transformé en vin, de sorte que celui-ci peut être dit le fruit même de la vigne, et c'est avec justesse que notre langage vulgaire parle de la *récolte* des vins.

Les fruits sont destinés à être vendus et transformés en argent pour payer les canons du bail ; aussi l'exercice du privilége ne doit-il pas rendre impossible la vente des fruits par le fermier, ce qui aurait lieu si le privilége subsistait malgré la vente ; toute sécurité disparaîtrait

pour l'acheteur, qui ne peut savoir si son vendeur a ou
non payé son fermage. C'est pour cela que le privilége
sur les fruits s'éteint par la livraison faite à un acheteur
de bonne foi. Il en était déjà ainsi dans l'ancien droit :
« Ce privilége, dit Domat, doit s'entendre, suivant notre
« usage, à l'égard des fruits qui sont ou pendants ou
« encore en la possession du débiteur ; car, s'il les a ven-
« dus et livrés à un acheteur de bonne foi, ils ne peu-
« vent être revendiqués entre ses mains. Ainsi, celui
« qui, dans un marché, achète du bled d'un fermier,
« ne pourra être recherché par le propriétaire du fonds
« d'où est venu ce bled pour le paiement du prix de la
« ferme, car celui-ci a dû veiller à son paiment » (Lois
civiles, des Gages et Hyp., liv. III, tit. 1, sect. 5, nᵒ 16).

Contrairement aux traditions romaines, l'art. 2102 1ᵒ
limite le privilége du bailleur aux fruits de la récolte de
l'année. Mais les récoltes des années précédentes, si elles
existent encore dans la ferme, rentrent dans les objets
frappés par le privilége que la loi désigne dans cette formule, aussi compréhensive que possible : « tout ce qui
« garnit la ferme (1). » En effet, l'article 819 du Code
de procédure civile, qui permet au propriétaire de saisir-
gager les fruits qui se trouvent dans la ferme, ne distingue en aucune façon les fruits de l'année de ceux des
récoltes précédentes, et dispose simplement que « les
« propriétaires ou principaux locataires... de biens ru-
« raux... peuvent... faire saisir-gager pour fermages...
« échus les *fruits* et les effets... étant dans ladite ferme. »
Au reste, la solution qui voudrait soustraire au privilége

(1) Lyon, 24 février 1836. Dev. 1836, 2, 414.

les récoltes antérieures à l'année courante est loin d'être favorable au fermier, comme on pourrait le croire tout d'abord. Elle aurait pour résultat d'obliger le propriétaire à exiger rigoureusement le payement des fermages, et forcerait ainsi le preneur à vendre souvent sa récolte dans des conditions désavantageuses. Telle n'a pas été certainement la volonté du législateur, qui, en plaçant à côté du privilége sur tout ce qui garnit les lieux loués, un autre privilége sur les fruits de l'année, a entendu accorder au locateur de biens ruraux une faveur que l'on ne peut pas tourner contre lui.

Mais pourquoi borner à la récolte de l'année ce droit plus énergique, comme nous le verrons bientôt, accordé au locateur sur les fruits ? La raison en est dans la nature même des choses ; les récoltes, en effet, disparaissent d'ordinaire dans l'année, et cela non-seulement à cause de la nécessité d'en consommer une partie pour les besoins de la ferme et de vendre le reste pour payer les fermages, mais aussi par suite de l'impossibilité qu'il y aurait souvent à amonceler et à conserver dans les greniers les récoltes de plusieurs années successives. Enfin, après une année, la preuve de l'identité des fruits serait souvent fort difficile.

Il n'est pas indifférent au bailleur d'atteindre les fruits comme récolte de l'année ou comme simples meubles garnissant la ferme. En effet, si les récoltes antérieures à l'année courante sont sorties des lieux loués, sauf la revendication pendant un délai très-court, le privilége qui les frappait disparaît avec la quasi-possession du locateur ; si, au contraire, c'est la récolte de l'année qui est enlevée de la ferme, le privilége n'en subsiste pas moins, car

ce déplacement ne porte pas atteinte à la qualité de récolte de l'année à laquelle il est attaché. Il suffira donc
que les fruits de l'année soient en la possession civile du
fermier, quel que soit d'ailleurs le lieu de leur situation,
pour que, sans revendication, le locateur puisse exercer
sur eux son privilége.

Ce serait cependant une erreur de croire que le bailleur n'a aucun intérêt à exiger l'engrangement de la récolte de l'année dans les bâtiments de la ferme, comme
l'article 1767 du Code Napoléon lui en donne le droit.
En effet, pour exercer son privilége sur la récolte de
l'année engrangée hors de la ferme, le propriétaire devra
avant tout prouver que les fruits qu'il veut saisir sont
bien ceux de la dernière récolte produite par le fonds
loué. Or, cette preuve sera souvent en fait difficile, et le
propriétaire a tout intérêt à ne pas se mettre dans la
nécessité d'avoir à l'administrer. De plus, aussitôt qu'une
récolte nouvelle vient ôter à la précédente la qualité de
récolte de l'année, le privilége est perdu sur celle-ci, à
moins qu'elle ne soit dans la ferme qu'elle garnit. Enfin,
si le preneur enlève de la ferme les fruits de l'année pour
les transporter dans des bâtiments qu'il loue à cet effet à
un tiers, celui-ci, en sa qualité de locateur, aura un privilége qui primera celui du propriétaire de la ferme, à
moins qu'une signification ne soit intervenue à temps
pour avertir le nouveau locateur du privilége dont ces
fruits sont déjà frappés au profit du premier. Encore
cette signification serait-elle sans utilité si, les bâtiments
de la ferme étant insuffisants pour engranger les récoltes, le locateur des locaux supplémentaires pouvait
être considéré comme ayant conservé, en l'abritant, le

gage du propriétaire de la ferme, qui, malgré la signification, serait alors primé par lui.

La seconde classe de meubles frappés par le privilége du bailleur de fonds rural se compose de tout ce qui
garnit la ferme, c'est-à-dire des meubles et des fruits
qu'elle renferme. Pour les meubles, nous renvoyons à ce
que nous en dirons à propos des locations de maisons ;
quant aux fruits considérés comme garnissant la ferme,
ils sont frappés par le privilége tant qu'ils se trouvent
dans les lieux loués, et alors même qu'ils seraient vendus,
mais non encore livrés, à un acheteur de bonne foi. Malgré la vente, en effet, et jusqu'à l'enlèvement, ils con-
tinuent à garnir la ferme, et par conséquent le locateur,
que l'on doit toujours considérer comme nanti, conserve
sur eux son privilége.

Enfin le privilége, au cas de location de biens ruraux,
porte sur tout ce qui sert à l'exploitation de la ferme,
c'est-à-dire sur les animaux employés à la culture, tels
que bœufs, chevaux, ânes, mulets, etc., et sur les instruments aratoires, charrues, herses, tombereaux, etc. Toutefois, si les animaux avaient été donnés à cheptel au
fermier par un tiers, et que le propriétaire en eût été
averti, ils ne seraient pas atteints par son privilége (art.
1813).

Il ne faut pas oublier que le locateur ne vient pas toujours au premier rang sur ce qui sert à l'exploitation de
la ferme et sur les récoltes de l'année; il peut être primé,
sur les ustensiles et outils, par les vendeurs et réparateurs,
et sur les fruits de l'année, par les vendeurs de semences
et les ouvriers qui ont coopéré à la récolte.

Si c'est une maison qui a été louée, le privilége atteint

tout ce qui la garnit. Que doit-on entendre par ces mots : *tout ce qui la garnit?* Y a-t-il des meubles qui ne garnissent pas la maison? Certains commentateurs l'ont pensé ; ils admettent le privilége sur les meubles apparents, comme les tables, les chaises, les tableaux, et le refusent sur tout ce qui, comme le linge, la vaisselle, les pierreries, est d'ordinaire renfermé dans des buffets ou armoires. Ce système a l'inconvénient de jeter de l'incertitude et de l'obscurité dans une matière très-claire par elle-même, en introduisant une distinction sur l'application pratique de laquelle ses partisans mêmes sont loin de s'entendre.

Quel doit-être ici le principe? C'est de ne pas tromper le locateur ; or, sur quoi a-t-il pu raisonnablement compter? Est-ce sur les seuls meubles qui peuvent frapper ses yeux quand il pénètre dans la maison louée? Mais s'il y voit des buffets, des armoires, doit-il les supposer vides? Ne sait-il pas que tout mobilier renferme des objets, comme du linge, de la vaisselle, de l'argenterie, etc., que l'on n'expose point aux regards, mais qui sont tellement indispensables qu'il doit en supposer l'existence? Tous les meubles qui ont été introduits dans la maison ou dans ses dépendances pour y demeurer, qu'ils soient ou non apparents, sont donc frappés par le privilége du locateur. Il n'y a d'exception que pour l'argent monnayé et les titres de créance. En effet, les rédacteurs de l'article 2102 1° ont eu évidemment l'intention d'exclure l'argent des choses soumises au privilége qu'ils ont accordé au locateur sur le *prix* de tout ce qui garnit la maison louée; en outre, l'argent n'est pas destiné à demeurer dans la maison, mais à être dépensé; s'il y a beaucoup

6

d'argent dans le secrétaire du locataire aujourd'hui, il y en aura peu demain, et ce n'est pas sur cette valeur essentiellement variable par sa destination même que le locateur a dû compter. Quant aux titres de créances, ils représentent des choses incorporelles *quæ nullo circumscribuntur loco*, et en conséquence, on ne peut les considérer comme garnissant la maison dans laquelle ils se trouvent; personne au reste, n'élève de doute sur ce point.

Parmi les objets garnissant la maison, il peut s'en trouver qui n'appartiennent pas au locataire, mais qu'il détient comme dépositaire, créancier gagiste, locataire ou emprunteur. Le locateur pourra-t-il cependant exercer sur eux son privilége? L'ancien droit français soumettait au privilége les meubles même appartenant à des tiers, et le Code n'a point innové sur ce point. C'est ce que prouve l'article 1813 du Code Napoléon, qui décide que: « lorsqu'un cheptel est donné au fermier d'autrui, il doit « être notifié au propriétaire de qui ce fermier tient, sinon, « ce propriétaire peut le saisir et vendre pour ce que son « fermier lui doit (1). » Sans cela, au reste, les propriétaires seraient perpétuellement trompés par des mobiliers opulents qui leur échapperaient lors de la saisie, et leur privilége deviendrait bien souvent illusoire, sans que cependant ils aient manqué de prudence; car, les lieux une fois suffisamment garnis, ils ne peuvent rien exiger de plus, et l'article 2279 du Code Napoléon leur permet de supposer que ces meubles garnissants sont au locataire, puisqu'il les possède. De plus, le locateur lui-même, étant

(1) Civ. rej. 9 août 1815. Dev. Coll. nouv. V, 1, 89. Paris, 26 mai 1814. Sir. 15, 2, 227. Douai, 10 février 1848. Dev. 1848, 2, 713.

considéré comme possédant en quelque sorte les meubles
sur lesquels porte son privilége, peut invoquer lui aussi,
dans les limites de son intérêt, le bénéfice de l'article
2279. Cette idée est tellement celle du législateur, qu'il
considère le transport des meubles hors de la maison louée
comme une sorte de vol de possession suffisant pour mo-
tiver une exception à la règle que les meubles n'ont pas
de suite, et que dans le 4° du même article 2102, il pré-
fère le locataire nanti au vendeur d'objets mobiliers non
payés ; c'est là encore une application des principes de la
possession en matière de meubles.

Mais il ne faut pas oublier que, pour pouvoir invoquer
la règle posée par l'article 2279, il faut être de bonne foi
et ne pas se trouver dans les cas exceptionnels où cette
règle cesse de s'appliquer. Ainsi, des meubles perdus ou
volés ayant été introduits dans la maison louée, si leur
propriétaire les revendique dans les trois ans de la perte
ou du vol, le locateur ne peut en aucune façon s'opposer
à leur enlèvement. En effet, l'acheteur de bonne foi de
ces meubles ne pourrait empêcher la revendication de
réussir, pourquoi le locateur, qui n'est pas même à proprement parler en possession, serait-il plus favorable-
ment traité?

Il se pourrait faire que le locataire eût acheté les meubles perdus ou volés qui sont l'objet de la revendication
dans une foire, un marché, ou de marchands vendant des
choses pareilles ; et l'on sait que dans ces circonstances
(art. 2280) la revendication ne serait admissible qu'à la
charge pour le revendiquant de rembourser au locataire ce
que ces meubles lui ont coûté. Le locateur, en sa qualité
de créancier, peut exercer les droits de son locataire (art.

1166) et par conséquent opposer cette exception au revendiquant; mais il n'exercera pas son privilége sur la somme par lui payée. Cette somme, en effet, n'est pas le prix des objets revendiqués, mais le payement d'une créance du locataire, qui ne doit pas être victime de son ignorance de l'origine des meubles achetés, origine que les circonstances mêmes de la vente lui permettaient d'ailleurs de supposer légitime. Le propriétaire, sur cette somme, viendra donc concourir au marc le franc avec les autres créanciers.

De plus, le locateur ne pourra pas saisir les meubles appartenant à des tiers qui se trouvent dans les lieux loués, quand il ne sera pas de bonne foi, c'est-à-dire toutes les fois qu'il aura eu connaissance de ce fait, que ces objets ne sont point au locataire. Il pourra en être averti par une notification à lui faite par le propriétaire des meubles avant leur introduction dans les lieux loués. Mais cette notification n'est pas indispensable, et il peut se faire que les circonstances seules suffisent pour avertir le propriétaire et le constituer ainsi de mauvaise foi (1). C'est ce qui aurait lieu si la profession du locataire supposait nécessairement l'introduction dans les lieux loués d'objets mobiliers appartenant à autrui. Il a été jugé, d'après cette règle, que les objets confiés à un locataire pour les réparer et les manufacturer, échappent au privilége; qu'il en est de même des effets des voyageurs déposés dans une auberge, de ceux d'un ami reçu chez le locataire, etc. On peut ajouter que les meubles

(1) Cas. 31 décembre 1833. Dev. 1831, 1, 852. Poitiers, 30 juin 1825. Sir. 1825, 2, 432. Paris, 2 mars 1829. Sir. 1829, 2, 213. Paris, 18 décembre 1818. Dev. 1818, 2, 450.

introduits dans la maison louée à la suite d'un événement imprévu, et constituant un dépôt nécessaire (art. 1949), ne sont point frappés par le privilége du locateur. Toutefois, si le propriétaire des objets déposés les laisse dans les lieux loués, longtemps après que la cause qui avait nécessité le dépôt a cessé, on pourrait voir là comme un consentement tacite qui les soumet à ce privilége.

Au reste, il est facile de voir par ces exemples que ce sont là des questions de fait dans lesquelles les circonstances particulières de la cause doivent avoir une très-grande influence; on peut cependant poser cette règle, que le tiers propriétaire des meubles introduits dans les lieux loués, pourra les soustraire à l'exercice du privilége du locateur, toutes les fois que celui-ci a dû savoir que des objets appartenant à des tiers seraient apportés chez son locataire. Mais cependant le propriétaire de ces objets fera prudemment de notifier l'existence de son droit au locateur avant l'introduction des meubles chez lui, car c'est là le moyen le plus simple de les soustraire à l'exercice de son privilége et de repousser l'allégation d'un prétendu consentement tacite.

Enfin, le privilége porte sur les meubles des sous-locataires. Seulement, comme le propriétaire sait bien que ces meubles n'appartiennent pas à son locataire principal, comme l'occupation de la maison par le sous-locataire l'en a suffisamment averti, il n'a de droit sur ces meubles que jusqu'à concurrence du prix de la sous-location qui peut être dû au moment de la saisie (1), sans cependant que les payements faits par anticipation

(1) Paris, 21 février 1867. Bulletin de la Cour Impériale de Paris, 1867, p. 209.

lui soient opposables, si du moins ils n'ont point été faits en exécution d'une stipulation du bail ou de l'usage des lieux (art. 1753 C. N.). On voit que les droits du propriétaire sont beaucoup plus restreints sur les meubles du sous-locataire que sur ceux du locataire principal; c'est à lui à empêcher que sa créance ne soit compromise par la sous-location. Pour cela, il peut exiger que le locataire principal continue à tenir la maison garnie de meubles suffisants, ou qu'il lui donne d'autres sûretés. Quoique le droit du propriétaire vis-à-vis du sous locataire se confonde, quant au montant de la somme qui peut être poursuivie sur les meubles de celui-ci, avec le droit accordé à tout créancier par l'article 1166, c'est cependant une action directe que le propriétaire, en vertu de l'article 1753, exerce en son propre nom et en sa qualité de locateur sur les objets garnissant son immeuble; aussi n'aura-t-il pas à subir le concours des autres créanciers du sous-locataire.

CHAPITRE III.

Quelles créances sont garanties par le privilége.

Le privilége du locateur a pour but d'assurer l'exécution du bail; il doit donc garantir toutes les créances résultant du contrat de louage, et c'est ce que décide l'article 2101 1° quand il accorde le privilége, 1° pour les loyers et fermages (nous verrons bientôt dans quelle mesure), 2° pour les réparations locatives, et 3° pour tout ce qui concerne l'exécution du bail.

Le privilége porte donc sur trois chefs; nous exami-

nerons bientôt le premier ; un mot sur chacun des deux
autres. Les réparations locatives constituent le second
chef de créance privilégiée provenant du contrat de bail.
La loi, à raison de certaines présomptions de faute, a
mis à la charge des locataires certaines menues réparations énumérées dans l'article 1754 du Code Napoléon.
Si le locataire ne parvient pas à se décharger de ces réparations en prouvant qu'il n'y a pas eu faute de sa part,
la créance qui naîtra de ces réparations à faire sera privilégiée.

Quant au troisième chef, il comprend tout ce qui concerne l'exécution du bail, c'est-à-dire 1° toutes les conséquences des obligations principales du preneur et
toutes les obligations secondaires qui en dérivent ;
2° certaines obligations accessoires résultant de la convention, et que l'on a formellement énoncées dans le
bail (1). Ainsi, par exemple, ce sera pour le fermier l'o-
bligation de représenter le cheptel, les instruments, les
semences à lui données par le bailleur. Souvent, en effet,
un excellent cultivateur manque des fonds nécessaires
pour entreprendre l'exploitation d'une ferme, et le propriétaire, qui connaît son habileté, lui fournit les avances
nécessaires en semences, instruments ou argent, à la
condition de restituer à la fin du bail ; rien de plus naturel que de garantir par un privilège ces obligations du
preneur, qui n'ont pris naissance qu'à cause du bail et
en ont été d'ordinaire une condition essentielle.

Mais que décider au sujet des avances faites par le
bailleur à son fermier postérieurement à la location, et

(1) Douai, 18 avril 1850. Dev. 1851, 2, 77.

qui n'ont pu, par conséquent, être constatées dans l'acte même du bail ? Sur ce point les auteurs se divisent ; l'un d'eux, Duranton, a même successivement embrassé les deux opinions contraires. Pour accorder le privilége, on peut invoquer l'usage de l'ancienne jurisprudence française ; Pothier, en effet, s'exprime ainsi sur la question : « Il y a plus de difficulté, si les avances n'ont été faites « que depuis le bail ; car la créance de ces avances naît « d'un contrat de prêt séparé et distingué du bail et qui « n'en fait point partie. Néanmoins *il paraît* que l'usage « a étendu à cette créance les droits des seigneurs de « métairies, surtout lorsque ces avances ont été faites en « grains ou autres espèces, et qu'on ne peut douter « qu'elles ont été faites pour faire valoir la métairie ; car, « le seigneur de métairie ayant été obligé de faire cette « avance pour faire valoir sa métairie, il y a même rai- « son que pour le bail » (Louage, n° 254). On peut ajouter que les motifs allégués par Pothier n'ont rien perdu de leur force, que le Code Napoléon consacre lui aussi cette doctrine par les termes mêmes de l'ar- ticle 2102, qui étend le privilége à tout ce qui concerne l'exécution du bail ; qu'en effet, le but du propriétaire en consentant le bail est la culture, l'exploitation de son domaine, et qu'en fournissant du grain ou de l'argent à son fermier, il a eu précisément en vue l'exploitation de l'immeuble et l'exécution du bail, qui sans cela eût été impossible.

Malgré ces raisons et l'intérêt de l'agriculture, que l'on pourrait encore invoquer, je crois que l'on doit re- fuser ici le privilége et repousser la solution donnée par Pothier. Au reste, même aux yeux de ce jurisconsulte,

la question présentait quelque difficulté ; il semble
même très-porté à ne point accorder le privilége, seulement il convient que l'usage l'a étendu à ce cas, et il
explique cet usage. On sait en effet que les causes des
priviléges étaient mal délimitées dans l'ancien droit, où
l'on reconnaissait que l'usage pouvait créer des priviléges ; mais il n'en est plus de même aujourd'hui, et les
raisons de douter que fait valoir Pothier me semblent
devoir être aujourd'hui des raisons de décider dans un
sens tout opposé ; car on ne peut regarder comme con-
cernant l'exécution du bail des prêts, des avances auxquels personne ne songeait lors de la location et dont il
n'est pas dit un mot dans le bail qu'il s'agit d'exécuter.
Je reconnais volontiers que cette créance du propriétaire est dans certains cas très-favorable ; mais elle n'est
point privilégiée par les termes de notre article, dont les
dispositions ne peuvent être étendues pour quelque motif que ce soit (1).

CHAPITRE IV.

Dans quelles limites la créance de loyer est privilégiée.

C'est d'un privilége que nous nous occupons : nous
laissons donc de côté le cas fort simple où le locateur
saisit les meubles de son locataire sans que les autres
créanciers de ce dernier viennent former opposition à la
saisie. Dans ces conditions, le bailleur se payera sur le
prix des meubles saisis de tous les loyers échus, mais

(1) Contra Angers, 27 août 1821. Dev. Coll. nouv. 6, 2, 171.

de ces loyers seulement, car pour les loyers à échoir, ils constituent une créance non encore exigible. Au reste, le locateur pourra demander la résiliation du bail si, après la saisie et la vente du mobilier nécessaire pour le payer, ce qui reste dans les lieux loués n'est plus suffisant pour garantir à l'avenir le payement des loyers. Mais il ne peut pas être alors question de privilége, puisque tout privilége suppose un concours de créanciers parmi lesquels quelques-uns, en vertu d'une faveur légale, obtiennent d'être payés les premiers et intégralement, tandis que les simples cédulaires viennent après eux et par contribution.

Supposons, au contraire, que des créanciers du locataire saisissent tout ou partie de son mobilier et entendent se payer sur le prix des objets saisis : c'est alors que le propriétaire leur oppose son privilége, et qu'il est intéressant de savoir quelle est l'étendue de sa créance privilégiée. Examinons donc les dispositions de l'article 2102 1° à cet égard. Il y avait ici un inconvénient à éviter : c'était d'accorder trop facilement un privilége dont un locataire de mauvaise foi aurait pu, par une collusion frauduleuse avec son propriétaire, profiter pour s'enrichir au préjudice de ses créanciers. Toute l'économie des dispositions législatives à ce sujet repose sur la pensée de prévenir cette fraude que l'insolvabilité du débiteur et le désir qu'il peut avoir de se procurer quelque ressource dans sa triste situation rend facilement supposable. Aussi le législateur fait-il une distinction, suivant que le bail qui donne naissance au privilége a ou non date certaine.

Si le bail est authentique, cette authenticité même est

la meilleure des garanties contre les fraudes que le législateur veut avant tout prévenir ; il est alors difficile au locataire de s'entendre avec le bailleur pour enfler la somme privilégiée au préjudice des autres créanciers ; le bail, sur la date et la sincérité duquel aucun doute ne peut s'élever, fixe toutes les conditions de la location, et le législateur, dans ce cas éminemment favorable où toute crainte de fraude et de collusion disparait, étend le privilége à tous les loyers échus et à tous ceux qui restent à échoir jusqu'à l'expiration du bail. C'est là un avantage exorbitant pour le propriétaire, que celui de recevoir ainsi le payement d'une somme qui n'est point encore due ; voici comment cet avantage peut se justifier : les meubles du locataire étant saisis et vendus par ses créanciers, la situation du propriétaire est fort critique. Il est en quelque sorte créancier gagiste : on ne peut donc lui enlever son gage sans le désintéresser préalablement, c'est-à-dire sans lui payer d'abord les loyers échus ; mais cela ne suffit pas, car sans cette garantie des meubles, jamais le propriétaire n'aurait consenti un aussi long bail au preneur ; ce gage, on veut le lui enlever, il a le droit de s'opposer à cet enlèvement si on ne lui paye pas tout ce qui lui sera dû à propos du bail. Le locataire ne pourrait pas enlever ses meubles des lieux loués sans cette condition ; pourquoi ses créanciers auraient-ils plus de droit que lui? Le locateur doit donc être privilégié pour tous les loyers échus et à échoir, quand le bail est authentique.

L'article 2102 1° place sur le même rang que le bail authentique le bail sous signature privée, mais ayant acquis date certaine. On sait, en effet, qu'aux termes de l'article 1328 du Code Napoléon, les actes sous seing privé peuvent acquérir date certaine non-seulement par l'enregistrement, mais encore par la mort de l'un des contractants signataire de l'acte, ou par la constatation de leur substance dans des actes dressés par des officiers publics, comme par exemple des procès-verbaux de scellés ou d'inventaire. Mais notre article n'entre dans aucun détail sur le point de savoir à quelle époque le bail doit avoir acquis date certaine. Cependant, la théorie de la loi sur l'étendue de la créance privilégiée étant basée sur les principes de la preuve des obligations à l'égard des tiers, on comprend sans peine que le bail qui n'aurait acquis date certaine que depuis la faillite ou la saisie, c'est-à-dire postérieurement au fait qui détermine l'exercice du privilége, ne devrait point assurer au propriétaire privilége pour tous ses loyers échus et à échoir; car il serait trop facile dans ce cas de pratiquer la fraude que la loi veut avant tout éviter.

Mais le bail ayant acquis date certaine avant la saisie doit-il être absolument assimilé au bail authentique en ce sens que tous les loyers échus seront privilégiés, même ceux qui correspondent à l'époque où le bail, n'ayant pas encore acquis date certaine, était un simple acte sous signature privée? Je ne le crois pas, et cela toujours par application des principes admis en matière de preuve des obligations; car, si le bail sous seing privé ayant acquis date certaine est assimilé au bail authentique, c'est seulement du moment où la date certaine a été acquise : jusque-là le bail est un bail sous signature privée, qui ne peut produire d'autres effets que ceux qui sont attachés aux baux de ce genre.

Si le bail est un acte sous seing privé sans date certaine, ou une convention verbale, il n'a pas en quelque
sorte d'existence à l'égard des tiers, et le législateur,
craignant que, par une collusion entre le locataire et le
propriétaire, il ne soit porté atteinte aux droits des autres
créanciers, restreint considérablement l'étendue du privilége, qui n'est plus accordé au locateur que « *pour une*
« *année à partir de l'année courante.* »

Cette expression semble bien claire; et cependant il en
est peu qui aient donné lieu à des divergences plus nombreuses et plus profondes parmi les commentateurs.
Trois principaux systèmes sont en présence, et nous devons les examiner rapidement.

Un premier système, interprétant littéralement les
termes mêmes de la loi, décide que le locateur n'a de
privilége que pour une seule année, à prendre dans l'a-
venir, à partir de l'expiration de l'année courante (1). A
l'appui de cette interprétation l'on invoque les arguments suivants : les priviléges sont de droit étroit, et les
textes qui les accordent doivent être entendus *sensu
stricto;* le bail sans date certaine n'a point d'existence à
l'égard des tiers, il est donc très-naturel qu'il ne pro-
duise aucun effet dans le passé. On ajoute que ce système se rattache à la jurisprudence du Châtelet de Paris,
qui, dans ce cas, ne privilégiait qu'une année, et qu'enfin les paroles de Treilhard, dans la séance du Conseil
d'État du 5 ventôse an XII (25 février 1804), lui sont
éminemment favorables.

Un second système accorde privilége pour l'année

(1) Bordeaux, 12 juin 1825, Dev. Coll. nouv. VIII, 2, 88. Bordeaux, 17
décembre 1839, Dev. 1840, 2, 202.

courante et l'année qui suit. Il doit en être ainsi, dit-on ;
car, si le législateur n'a pas expressément parlé de l'année courante, c'est qu'il ne pouvait y avoir aucun doute
à cet égard. Le fait de l'existence du bail est notoire ; et
comment comprendre qu'on accorde le privilége pour l'a-
venir, c'est-à-dire pour des loyers qui ne seront peut-
être jamais dus, tandis qu'on le refuserait pour les loyers
de l'année courante, qui, le plus souvent, ne sont pas encore exigibles et que le locateur n'est point en faute de
ne pas s'être fait payer? Puisque la loi admet la sincérité
du bail pour une année à venir, à plus forte raison en-
tend-elle le faire pour l'année courante, pour laquelle
l'existence du bail est démontrée par la possession même
du locataire.

Dans un troisième système, on accorde le privilége
pour les années échues, l'année courante et l'année qui
la suit, en un mot, pour tout le passé, le présent et une
année future. C'est le système généralement admis par
les commentateurs et par la jurisprudence (1). Voici les
nombreux arguments à l'aide desquels on le défend : la
seule fraude que le législateur ait pu craindre sérieuse-
ment, c'est la simulation du bail pour l'avenir; aussi
restreint-il formellement à un an le privilége relativement aux années futures ; mais est-ce à dire que les années échues soient non privilégiées? pouvait-on craindre
dans le passé la même simulation de bail que dans l'a-
venir? Non, dit-on ; car l'existence d'un bail se révèle aux
yeux de tous par un signe extérieur que la notoriété pu-

(1) Cas 28 juillet 1824, Sir 1825, 1, 51. Req. rej. 6 mai 1835, Dev, 1836,
1, 143. Douai, 29 août 1842, Dev, 1843, 2, 116, Lyon, 28 avril 1847, Dev,
1848, 2, 129. Metz, 6 janvier 1850, Dev, 1851, 2, 129.

blique constatera toujours facilement, l'occupation par le locataire; quant à l'augmentation du prix de location, cette fraude, à moins de se borner à une très-minime élévation, est difficile à supposer, car elle serait immédiatement découverte; on peut, en effet, apprécier aisément la valeur locative d'un immeuble, et on sait bien ce que se loue habituellement tel ou tel appartement, telle ou telle ferme. Au reste, si le législateur avait cru cette fraude possible, aurait-il eu égard au bail pour déterminer la somme privilégiée pour l'année à venir, et n'aurait-il pas, au contraire, ordonné une estimation à dire d'experts? Il ne reste donc plus qu'une fraude possible, celle par laquelle un bailleur consentirait à se présenter comme créancier de termes échus et payés. Mais le législateur est impuissant à la réprimer, et, ne pouvant la réprimer, il ne la suppose pas; c'est ce que prouve l'article 2102 lui même, qui accorde formellement le privilége pour toutes les années échues au cas de bail authentique; dans ce cas cependant cette fraude est tout aussi praticable, pourvu que le bailleur et le preneur soient d'accord. Si la loi n'a parlé que de l'avenir, c'est qu'elle n'a voulu restreindre le privilége que pour l'avenir, et qu'en privilégiant une année dans l'avenir, elle a suffisamment exprimé qu'elle privilégiait nécessairement *a fortiori* le présent et même le passé. Enfin, l'article 819 du Code de procédure civile permet au propriétaire de saisir les meubles de son locataire *pour loyers et termes échus, soit qu'il y ait bail, soit qu'il n'y en ait pas.* Le législateur met les termes échus sur la même ligne quand il n'y a pas de bail et quand il y en a un: or, dans ce dernier cas, le privilége est certainement accordé ; donc il faut conclure que la volonté du législateur a été de privilégier également les termes échus quand il n'y a pas de bail ayant date certaine.

Ce dernier système a rallié à lui un grand nombre de commentateurs, et la jurisprudence semble l'avoir pleinement adopté ; c'est cependant celui que nous croyons devoir rejeter tout d'abord comme exagérant le privilége du locateur. Il s'agit, en effet, d'un acte sous seing privé sans date certaine, et n'est-ce pas renverser tous les principes en matière de preuves que de lui accorder pour le passé tous les effets qu'il aurait s'il était authentique, c'est-à-dire de le déclarer opposable aux tiers? Le privilége pour tous les loyers échus, au cas de bail authentique, a déjà quelque chose d'exorbitant ; car le bailleur est, pour ainsi dire, en faute de ne pas s'être fait payer régulièrement ces loyers ; mais quand il n'y a pas de bail ayant date certaine, quand il n'y a qu'une location verbale, privilégier toutes les années échues, c'est exagérer le privilége et outrepasser le pensée du législateur. Celui-ci, en effet, a entendu accorder un avantage au propriétaire prudent qui assure une date certaine à son bail ; cette faveur est d'autant mieux justifiée, que c'est par l'enregistrement que l'on obtiendra (le plus souvent) ce résultat, et que l'enregistrement des baux est évidemment dans le vœu de la loi, qui y voit un moyen d'éviter bien des contestations et bien des fraudes, tout en augmentant les revenus du Trésor. Or, le système que je combats en ce moment, en assimilant complétement, pour le passé, le bail ayant date certaine et le bail qui en est privé, va directement contre ce vœu du législateur, et conduit à ce singulier résultat, que, si le bail sans date certaine à

moins de deux ans à courir lors de la faillite ou de la saisie, il produira absolument le même effet que s'il était
authentique; de sorte que dans la plupart des cas, le bail
étant fait pour des périodes successives de trois ans, le
propriétaire qui se contente d'un bail sans date certaine
a pour lui beaucoup de chances de se voir colloquer par
privilége, s'il y a lieu, pour une somme précisément égale
à celle à laquelle il aurait droit s'il pouvait invoquer un
bail ayant date certaine.

De plus, il suffit de jeter les yeux sur les travaux préparatoires, pour se convaincre que la restriction du privilége dans le cas qui nous occupe, a eu pour but,
dans la pensée des rédacteurs, d'empêcher les fraudes
aussi bien dans le passé que dans l'avenir; M. Bégouen
dit, en effet, « que le système de la section (c'est celui
« qui a été maintenu dans l'article 2102) a l'inconvé-
« nient d'embarrasser le propriétaire et de l'obliger à être
« rigoureux avec son fermier; » et M. Defermon répond:
« que la disposition proposée serait utile au Trésor public,
« en ce qu'elle assurerait le droit d'enregistrement sur
« les baux; mais qu'elle est désavantageuse pour le pro-
« priétaire, *parce qu'elle l'expose à perdre les fermages*
« *arriérés* » (Locré, t. XVI, p. 241). Est-il possible,
après ces paroles suivies de l'adoption du projet, et rap-
prochées de la déclaration de M. Treilhard répondant
« que la section aurait craint de donner ouverture à la
« collusion, si elle eût attaché cet effet (le privilége) aux
« baux qui n'ont pas une date certaine, pour un temps
« plus long que l'espace d'une année, » est-il possible
d'accorder le privilége pour les termes échus, sans aller
directement contre la volonté clairement exprimée du lé-

7

gislateur? Je ne le crois pas, et je suis obligé de me sé-
parer de la jurisprudence et d'un grand nombre de commentateurs qui ont cru devoir la suivre. La plupart d'entre
eux appuyant leur système sur l'article 819 du Code de
procédure, je dois répondre à cet argument; cet article,
dit-on, permet au propriétaire, qu'il y ait ou non bail, de
saisir-gager pour *loyers échus* les meubles garnissant
les lieux loués; donc, même au cas où il n'y a pas de bail
ayant date certaine, les loyers échus sont privilégiés. Mais,
pour admettre qu'un texte du Code de procédure soit venu
ainsi modifier une disposition formelle du Code Napoléon,
il faudrait que toute autre explication de cet article fût
impossible. Mais il n'en est rien; cet article, en effet, ne
suppose pas nécessairement l'exercice du privilége, il suppose seulement un propriétaire non payé, voulant saisir les
meubles de son locataire; il lui accorde alors une voie
d'action spéciale, la saisie-gagerie, mais qui ne pourra
être employée qu'après l'échéance des loyers; et la fin de
l'article assure jusqu'à cette échéance la sécurité du
bailleur, en lui permettant de conserver son gage intact,
et de le faire établir dans son intégrité par la revendication, si des meubles garnissant les lieux loués viennent
à être déplacés sans son consentement; mais c'est en vain
que l'on cherche dans les termes de cet article un appui
pour un système qu'ils ne favorisent en rien, et la solution d'une difficulté que les auteurs du Code de procédure
ne se sont nullement posée.

Ce premier système écarté, lequel doit-on choisir entre
les deux autres? Le plus radical, celui qui limite le privilége à un année, a pour lui les termes mêmes de la loi;
on ne peut nier que les travaux préparatoires ne le favo-

risent, notamment cette phrase de Treilhard, répondant
à M. Bégouen, « que la section aurait craint de donner
« ouverture à la collusion, si elle eût attaché le privilége
« aux baux sans date certaine, *pour un temps plus long*
« *que l'espace d'une année;* » enfin, il prétend se rattacher
à l'ancienne jurisprudence du Châtelet de Paris, qui elle
aussi ne privilégiait qu'une année, et dont les rédacteurs
du Code n'auraient pas voulu s'écarter.

Malgré ces motifs, c'est au second système, à celui qui
accorde le privilége pour l'année courante et l'année qui
la suit, que je crois devoir m'arrêter. On ne peut se dissimuler que le législateur s'est exprimé sur ce point
avec un laconisme auquel les travaux préparatoires, malgré les lumières qu'ils fournissent, sont loin de suppléer
d'une manière suffisante. Telle est la cause de l'embar-
ras qu'éprouve ici le commentateur ; en pareil cas, il
n'y a, ce me semble, qu'une seule voie pour sortir de la
difficulté, c'est de rechercher quelle a pu être la pensée
des rédacteurs du Code. Pour cela, il est indispensable
de se reporter à l'état de la question au moment où elle
a été tranchée, afin de savoir s'ils ont franchement
adopté la solution de l'ancienne jurisprudence, ou, s'ils
ne l'ont pas fait, en quoi ils ont cru devoir s'en éloigner.
Il est certain qu'ils n'ont pas suivi la doctrine de Pothier sur ce point ; à Orléans, en effet, le droit de préférence était accordé au propriétaire pour tous les loyers
échus et à échoir, même au cas de bail n'ayant pas date
certaine. C'est donc à la jurisprudence reçue à Paris
que Treilhard, qui présenta la section des priviléges, a
dû se référer, soit pour l'admettre, soit pour la modifier ;
or le Châtelet de Paris, d'après un usage remontant à

une époque fort ancienne, accordait privilége, dans le
cas qui nous occupe, pour une année seulement, qui se
décomposait en quatre termes ou quartiers, savoir : les
trois derniers termes échus et le terme courant. Cela
seul suffit pour faire justice de la prétention de ceux
qui, ne privilégiant que l'année qui suit l'expiration
de l'année courante, veulent cependant rattacher directement leur système à la jurisprudence du Châtelet.
Si les rédacteurs du Code avaient voulu consacrer cette
jurisprudence, ils au[ ]ient employé les expressions
mêmes des actes de not[ ]été qui la constatent. C'est
ce qu'ils n'ont point fait; [ ] ont donc entendu modifier l'ancien état de choses, et, comme les termes mêmes
de l'article le disent clairement, étendre le privilége à
une année à venir; c'est là l'innovation, c'est là le point
qu'ils précisent dans leur rédaction. Mais ont-ils voulu
exclure l'année courante, de l'expiration de laquelle ils
ont fait le point de départ de l'année à venir privilégiée,
l'année courante, que la pratique de Paris, bien connue
des rédacteurs, avait toujours et justement privilégiée ?
Rien ne peut le faire supposer, et l'on ne voit aucun
motif sérieux de rompre sur ce point avec la tradition.
L'année courante est, en effet, la seule pour laquelle
l'existence du bail soit prouvée par la possession même,
et il serait bien étrange, quand une année à venir est
privilégiée, que l'année courante ne le fût pas, alors
surtout qu'on ne peut considérer le propriétaire comme
étant en faute de ne pas s'être fait payer des termes qui
peut-être ne sont pas encore échus.

On objecte, il est vrai, les paroles précises de M. Treilhard, qui déclare qu'on a voulu borner le privilége à

une année; mais M. Treilhard répondait alors à une proposition de M. Bégouen, qui demandait que toutes les années échues fussent privilégiées, c'est-à-dire que l'on se séparât de la jurisprudence du Châtelet même quant aux termes échus, et cela suffit pour indiquer la portée de sa réponse.

En lisant attentivement le procès-verbal de cette séance du Conseil d'Etat, on voit que l'on y parle de loyers *arriérés* perdus par le propriétaire; mais personne ne fait allusion à la perte bien autrement étrange de l'année courante que le système adverse voudrait aussi lui faire subir. N'est-ce donc pas évidemment parce que personne à ce moment n'avait la pensée de refuser le privilége pour l'année courante, que M. Bégouen, qui critique vivement le système de la section, ne lui a pas reproché d'infliger au propriétaire une perte que sa prudence ne pouvait éviter, puisqu'il s'agit de loyers non encore échus? Le refus du privilége pour l'année courante conduirait, au reste, à un singulier résultat, il supprimerait tout privilége si la faillite ou la déconfiture arrivait dans la dernière année du bail; car, le bail expirant avec l'année courante, on ne peut privilégier une année à venir.

Enfin, ce qui vient donner un nouvel appui au système que nous adoptons, c'est que, deux ans après la rédaction de l'article 2102, il a été reproduit, comme étant celui de la loi, par M. Tarrible, l'un des rédacteurs du Code, demandant au Corps législatif l'adoption des articles 819 et suivants du Code de procédure civile; voici ses propres paroles : « Le Code civil a accordé au « propriétaire un privilége sur les fruits de la récolte de « l'année et sur le prix de tout ce qui garnit la maison

« ou la ferme, pour l'entière exécution du bail, s'il y a
« date certaine, ou pour l'exécution de *l'année courante*
« *et de la suivante*, lorsque le bail n'a ni authenticité ni
« date certaine... »

Il est un cas dans lequel il peut y avoir doute sur la
nature du bail : c'est celui où, à l'expiration d'un bail
authentique, par exemple, le preneur a été laissé en
jouissance par tacite reconduction. La saisie du mobilier du locataire étant opérée par ses créanciers dans
de semblables conditions, quelle sera l'étendue du privilége du bailleur ? L'ancien bail authentique est expiré ; mais cependant, pour étendre le privilége à toutes
les années échues et à échoir, on peut dire que la location continue aux mêmes conditions que précédemment ;
que la fraude n'est pas à craindre, car l'époque et les
conditions de la tacite reconduction sont connues, et sa
durée est fixée ou par l'usage des lieux (art. 1759 C. N.),
ou par les nécessités de l'exploitation (art. 1774 C. N.).

Malgré ces motifs, le bail, au cas de tacite reconduction, n'est qu'un bail verbal sans date certaine (1) ; l'article 1738 du Code Napoléon est formel : « Il s'opère
« un *nouveau bail,* dit-il, dont l'effet est réglé par l'ar-
« ticle relatif aux locations sans écrit. » On se reporte
sans doute à l'ancien bail pour les conditions de la location ; mais il n'y en a pas moins un nouveau bail, simplement verbal, et qui ne doit procurer au locateur que
les droits attachés à un bail sans date certaine.

(1) Bordeaux, 12 juin 1825. Sir. 1826, 2, 179.

CHAPITRE V.

Du droit de relocation accordé aux créanciers.

L'exercice du privilége, dans les limites que nous venons de poser, peut causer un très-grave préjudice aux créanciers primés par le locateur ; aussi la loi a-t-elle voulu les dédommager en leur accordant « le droit « de relouer la maison ou la ferme pour le restant du « bail, et de faire leur profit des baux et fermages. »

Il semblerait, par la place même que ce droit de relocation occupe dans notre article, qu'il dût être restreint au cas où le bail a date certaine ; mais cette restriction est inadmissible. En effet, sans le droit de relocation, il y aurait un espace de temps, le reste de l'année courante et l'année qui suit, pendant lequel le propriétaire, après avoir reçu par privilége le payement des loyers, aurait néanmoins la faculté de louer à nouveau son immeuble ; car on ne peut le contraindre à laisser son bien improductif. Le bailleur aurait donc la jouissance de sa chose pendant un temps pour lequel il s'est déjà fait payer les loyers représentatifs de cette jouissance. On doit donc accorder le droit de relocation aux créanciers, même au cas de bail sans date certaine. On peut remarquer, à ce sujet, le singulier résultat que produirait, s'il était admis, le système qui limite le privilége à l'année qui suit l'expiration de l'année courante : dans ce système, si on permet aux créanciers, comme le veut l'équité, de relouer pendant l'année privilégiée, ce sera

seulement après l'expiration de l'année courante que
s'ouvrira ce droit ; jusque-là, l'immeuble sera à la disposition du bailleur, qui, obligé de respecter le droit de relocation des créanciers, se trouvera dans une condition
très-défavorable pour tirer parti de son immeuble pendant la fin de l'année courante.

Les créanciers pourront user de leur droit de relocation, quand bien même il existerait dans le bail une
clause interdisant au preneur de sous-louer (1). En re-
louant, en effet, ils n'exercent pas un droit de leur débiteur, mais bien un droit qui leur est propre et qui leur
est directement accordé par l'article 2102 1°, dont la
disposition à ce sujet serait bien inutile s'il ne s'agissait
ici que d'une application de l'article 1166 du Code Napoléon. Toutefois, il ne faudrait pas conclure de cette
solution que la clause prohibitive soit absolument sans
effet vis-à-vis des créanciers du preneur. Car, si cette
clause existe, le bailleur pourra, en renonçant à user de
son privilége, enlever aux créanciers tout droit à la relocation, qui n'est que la conséquence de l'exercice du privilége pour les années à venir ; tandis que, sans l'interdiction de sous-louer, alors même que le bailleur voudrait
renoncer à son privilége pour l'avenir, les créanciers
pourraient, en s'armant de l'article 1166, opérer la sous-
location, parce que ce droit appartient à leur débiteur, et
qu'ils peuvent par conséquent s'en prévaloir s'ils le
trouvent utile.

Si le prix des meubles est suffisant pour désintéresser
entièrement le bailleur de tout ce qui lui est dû par pri-

(1) Dijon, 28 avril 1858, et req. rej. 28 décembre 1858. Dev. 1859, 2,
425.

vilége, les créanciers usent alors de leur droit de relocation sans difficulté. Si, au contraire, le prix des meubles
est insuffisant et que cependant les créanciers veuillent
faire leur profit du bail, alors la loi met au droit de relocation une condition sur l'étendue de laquelle les commentateurs ne sont pas d'accord, et que l'article 2102 1°
exprime par ces mots : « à la charge, toutefois, de payer
« au propriétaire tout ce qui lui serait encore dû. »
S'agit-il ici d'un payement immédiat et préalable,
ou d'un simple payement aux échéances ? Il faut
distinguer suivant que le preneur a ou non la faculté de céder son bail (1). Ce droit lui est-il formellement enlevé par son contrat, alors ses créanciers, qui veulent, en vertu de l'article 2102 1°, relouer
l'immeuble, doivent désintéresser par avance le locateur.
En effet, si le prix des meubles est suffisant pour désintéresser le bailleur même pour l'avenir, pas de doute que
l'article 2102 1° ne lui donne le droit de se faire payer
immédiatement. Ce droit est exorbitant, car il reçoit
ainsi plus qu'il ne lui est dû ; mais c'est un privilége
qui lui est accordé. Eh bien ! le législateur a voulu, pour
permettre aux créanciers, malgré l'interdiction de sous-
louer, de faire leur profit du bail, que le locateur fût
placé dans la situation où il se trouverait si le prix des
meubles avait suffi à le remplir de sa créance privilégiée.
L'expression même employée dans l'article : « faire leur
profit des baux, » indique bien que les créanciers ont
dû d'avance désintéresser le bailleur. S'il s'agissait d'une

(1) Les arrêts suivants rejettent cette distinction : Paris, 2 mai 1857.
Dev. 1857, 2, 727. Req. rej. 7 décembre 1858. Dev. 1859, 1, 123. Cass.
28 mars 1865. Dev. 1865, 1, 206. Orléans, 22 août 1860. D. P. 1862, 2, 118.

simple obligation de payer les loyers à l'échéance, se
serait-on servi de cette expression : « à la charge de
« payer *tout* ce qui serait *encore* dû ? » Le mot *tout* ne
prouve-t-il pas qu'il s'agit d'un payement intégral et
immédiat, comme le mot *encore* indique qu'il s'agit de
parfaire la somme que le prix des meubles n'a pas atteinte? Au contraire, si, soit par une clause expresse, soit
par son silence, le bail permet au locataire de céder son
droit à la chose louée, ses créanciers pouvant tout ce
qu'il peut, rien ne les oblige, quand ils usent de son
droit, à payer immédiatement des loyers dont il ne serait pas tenu de faire l'avance s'il agissait lui-même.

Au reste, si la relocation pour toute la durée du bail
est onéreuse pour les créanciers, s'ils ne veulent pas
faire l'avance qu'elle nécessiterait, ils peuvent borner leur
droit de relocation au temps correspondant aux loyers
que le bailleur aura reçus sur le prix des objets constituant son gage (1). En vain, pour repousser cette solution, argumenterait-on de ce que l'article 2102 1° autorise les créanciers à relouer la maison ou la ferme
pour le restant du bail; car, en limitant le droit de relocation à la durée du bail, la loi n'a pas eu l'intention
d'obliger nécessairement les créanciers à user de toute
l'étendue de leur droit, et notamment de les empêcher
de proportionner la durée de la relocation au temps pour
lequel le bailleur a été payé par anticipation. On objec-
tera peut-être que les créanciers ne doivent, pas plus
que le preneur lui-même, avoir le droit de scinder le
bail; mais cet argument n'aurait de valeur que si les

(1) Civ. rej. 4 janvier 1860. Dev. 1060, 1, 17.

créanciers agissaient comme ayants cause du preneur ;
or nous savons qu'il n'en est point ainsi, et qu'en re-
louant ils exercent un droit qui leur est propre. Il est
donc faux de dire qu'ils ne peuvent pas avoir plus de
droit que leur débiteur, et nous venons de voir le contraire à propos de l'interdiction de sous-louer, qui n'est
pas un obstacle à la relocation par les créanciers. Le
bail sera scindé, c'est vrai ; mais est-ce par les créanciers,
ou n'est-ce pas plutôt par la force même des choses, par
l'insuffisance du gage du locateur? Le bailleur a reçu
par avance un certain nombre de termes ; le droit de relocation doit nécessairement s'ouvrir pendant le temps
qui y correspond, parce qu'il serait inique que le locateur cumulât, même pendant un temps très-court, le
loyer et la jouissance de la chose.

CHAPITRE VI.

De l'exercice du privilége du bailleur en cas de faillite du locata're.

C'est ici le lieu de nous demander quels sont les droits
du locateur au cas de faillite du locataire, et d'étudier
les différentes questions se rattachant à cette matière,
qui a éveillé récemment la sollicitude du législateur.
L'examen de ces difficultés nous amènera tout naturelle-
ment à étudier les modifications projetées à ce sujet, et
soumises en ce moment à l'examen du Corps législatif.

Et d'abord, quel est l'effet de la déclaration de faillite
sur la créance du locateur pour les loyers à échoir? Les

rend-elle immédiatement exigibles? La réponse à cette question dépend de l'opinion que l'on adopte sur la nature même du contrat de louage et sur celle du droit du bailleur. En effet, si le louage est un contrat purement consensuel, si la créance du bailleur pour les loyers à échoir est une créance à terme, la faillite faisant perdre le bénéfice du terme, ces loyers seront immédiatement exigibles. On arrivera à une solution contraire si l'on admet que l'obligation du preneur de payer le loyer convenu ne naît que de l'exécution de l'obligation de faire jouir imposée au bailleur, et si, par conséquent, le droit du locateur sur les loyers à échoir est un droit conditionnel.

C'est la première de ces deux opinions que nous croyons devoir adopter. En effet, le louage a toujours été considéré comme un contrat consensuel faisant naître des obligations réciproques à la charge de chacune des parties. Quand un bail est formé, le preneur s'enga `` à payer des loyers, tandis que le bailleur s'engage à livrer la chose louée et à en assurer la jouissance, et l'obligation de payer le loyer est corrélative de celle de faire jouir ; mais que peut-on conclure de là, sinon que dans le contrat de louage l'obligation de chacun des contractants est, comme dans tous les contrats synallagmatiques, la cause de l'obligation de l'autre. Mais on ne peut pas dire que c'est l'exécution du contrat par le bailleur qui seule fait naître l'obligation du preneur; car, s'il en était ainsi, le contrat ne se formerait pas consensuellement au moment où les parties sont tombées d'accord sur la chose et le prix, puisque le locataire ne serait obligé que par l'exécution de l'engagement du locateur ;

en un mot, le louage serait un contrat se formant *re* à
l'égard du locataire, et *consensu* à l'égard du bailleur ;
or le Code Napoléon, qui admet que certains contrats ne
se forment que par la remise de la chose (art. 1875,
1892, 1915 C. N.), n'a certainement pas voulu ranger
parmi eux le contrat de louage, quand il a écrit dans
l'article 1709 : « Le louage des choses est un contrat
« par lequel l'une des parties s'oblige à faire jouir
« l'autre d'une chose pendant un certain temps et
« moyennant un certain prix que celle-ci s'oblige à lui
« payer. »

On objecte, il est vrai, que le législateur, en mettant
les risques à la charge du locateur (art. 1722, 1769 C.N.),
a bien prouvé que l'obligation du locataire n'existait
qu'autant que celle du locateur se trouvait remplie. Mais
ces dispositions ne sont-elles pas plutôt fondées sur l'intention des parties, qui ne sont pas présumées avoir
voulu mettre tous les risques à la charge exclusive de
l'une d'elles ? Si le motif qu'allèguent les partisans du
système que je combats était le vrai, comment se ferait-il
que les articles 1772 et 1773 du Code Napoléon per-
missent aux parties de mettre à la charge du preneur
tous les risques, même ceux provenant de cas fortuits
extraordinaires ? Supposons, en effet, qu'après une pareille convention, un cas fortuit vienne priver pendant
un terme entier le locataire de la jouissance des lieux
loués ; il devra payer le loyer, bien que cependant, au
dire de mes adversaires, ce soit là une obligation sans
cause.

L'obligation du preneur n'est donc pas conditionnelle ; elle est à terme, et soumise, comme toutes celles

qui naissent d'un contrat synallagmatique, à la condition
résolutoire de l'article 1184 ; mais tant que la condition
résolutoire est en suspens, l'obligation est une simple
obligation à terme (1). Si la créance du bailleur pour les
loyers à échoir est une créance à terme, la faillite doit
faire perdre au preneur le bénéfice de ce terme. En effet,
l'article 444 du Code de commerce dispose que « le ju-
« gement déclaratif de faillite rend exigibles, à l'égard
« du failli, les dettes passives non échues » (art. 1188
C. N.).

Mais quelle est la portée de cette exigibilité anticipée? produit-elle les mêmes effets que l'échéance du
terme ? Non, et il ne faudrait pas se laisser tromper par
cette expression vicieuse d'exigibilité anticipée. En effet,
comme le fait remarquer M. Bravard, cette exigibilité,
ou mieux cette déchéance du terme, « n'autorise pas
« les créanciers à terme à faire des actes d'exécution,
« puisque ceux même dont les créances sont échues
« n'en ont pas le droit » (Droit com., t. V, p. 155). Il
est vrai que le locateur est privilégié et se trouve dans
une situation spéciale ; aussi conserve-t-il, sauf la restriction de l'article 450 du Code de commerce, tous ses
droits contre son débiteur; mais, précisément à cause de
cette situation de créancier privilégié nanti qui le place
en dehors de la faillite, il peut moins que tout autre invoquer l'exigibilité anticipée produite par la faillite, pour
entamer des poursuites individuelles contre le preneur.
Il profitera cependant de cette exigibilité en ce qu'elle lui

(1) Dijon, 28 avril 1858 : *Recueil des arr. de la Cour impériale de Dijon*,
t. II, p. 107. Cass. 28 mars 1865. D. P. 18 , I, 01. Orléans, 5 août 1865.
D. P. 1865, 2, 136. Orléans, 10 novembre 65 D. P. 1865, 2, 227.

permettra d'être payé sans escompte, par préférence à
la masse, sur le prix des meubles affectés à sa créance,
quand ces meubles seront vendus à la requête des syndics, ou quand le non-payement d'un terme à l'échéance
lui donnera la faculté de poursuivre son débiteur; mais
la faillite seule ne suffit pas pour donner ouverture
aux poursuites du bailleur; il faut en outre qu'il y ait
au moins un terme échu, ou que les meubles du locataire soient vendus par les syndics (1).

La faillite du locataire peut se terminer de différentes
manières; il peut donc se présenter plusieurs hypothèses
que nous devons examiner successivement.

Si la faillite se termine par l'état d'union et que les
meubles du locataire soient vendus aux enchères, pas de
doute que le locateur ne puisse se faire colloquer par
préférence sur le prix pour le montant de sa créance
privilégiée, c'est-à-dire même pour les loyers à venir au
cas de bail ayant date certaine.

Mais que doit-on décider si les meubles du locataire
failli sont vendus en bloc à un individu auquel le bail est
en même temps cédé? Pour accorder sans distinction au
locateur le droit d'exercer alors son privilége, on peut
dire qu'il y a vente des meubles, puisqu'ils sont transformés en prix, et que par conséquent l'article 2102 1°
permet au locateur de se payer sur ce prix de tout ce
qui lui est dû par privilége. Il faut décider néanmoins
que le bailleur, dont le gage n'est en aucune façon diminué, n'aura rien à dire si le contrat, soit par une clause
expresse, soit par son silence, autorisait le preneur à cé-

(1) Paris, 12 décembre 1861. Dev. 1862, 2, 49. *Contra*, Angers, 15 mai 1861,
Dev. 1861, 2, 442.

der son bail. Au cas contraire, le droit de relocation des
créanciers est puisé dans l'article 2102 1°, et le bailleur, qui a montré qu'en traitant avec le preneur il avait
pris sa personne en considération , ne doit être forcé de
subir le changement qui s'opère contre son gré que s'il
trouve dans l'exercice de son privilége une garantie complète.

Si le failli obtient un concordat, que devient le privilége du bailleur ? Nous nous trouvons en face de deux
hypothèses possibles : ou des loyers échus sont dus ,
alors le locateur peut saisir-gager, et est privilégié pour
tous les loyers même à venir ; ou les loyers échus ont
été payés, dans ce cas, si à chaque terme le failli concor-
dataire ou ses créanciers payent ce qui vient à échoir,
le droit de saisie du bailleur et l'exercice de son privilége
se trouveront paralysés ; mais il suffira toujours d'un
simple retard dans le payement d'un terme échu pour
permettre au locateur d'user des voies d'exécution.

On voit, par ce que nous venons de dire, que la déclaration de faillite ne nous semble pas par elle-même
permettre au bailleur de demander la résiliation du bail
quand, du reste, son gage demeure intact. Cette doctrine
n'est pas admise sans contestation ; on lui objecte que
quand un propriétaire loue son immeuble à un individu, la solvabilité personnelle du preneur est souvent
l'un des motifs déterminants du contrat, et que, malgré
le concordat, la faillite porte à cette solvabilité une atteinte assez grave pour justifier à elle seule une demande
en résiliation du bail. Mais nulle part la loi ne donne à la
faillite une semblable conséquence ; sans doute elle y
conduira souvent d'une façon indirecte par le dégarnis-

sement des lieux loués et le défaut de payement à l'é-
chéance ; mais tant que le gage du locateur est intact et
que le locataire satisfait exactement à ses obligations, il
faut reconnaitre que le bailleur ne peut obtenir la résiliation du bail, par cela seul que le preneur est tombé
en état de faillite (1). On peut donc s'étonner que la
Cour de cassation, par son arrêt du 4 janvier 1860 (2),
ait décidé que le bailleur pouvait à son gré, en cas de
faillite, demander soit la résiliation, soit le payement des
loyers à échoir.

Mais au moins, puisque la solvabilité personnelle du
preneur a reçu par la faillite une grave atteinte, le locateur ne pourrait-il pas exiger de lui des sûretés nouvelles pour suppléer à celles qui résultaient pour lui de
cette solvabilité? Quelques commentateurs l'ont pensé,
et la jurisprudence a paru un instant adopter cette
idée (3), qu'elle semble cependant avoir abandonnée
aujourd'hui. Les motifs que l'on allègue pour soutenir
ce système peuvent avoir quelque valeur au point de
vue législatif, mais ils trouvent peu d'appui dans nos
lois ; car c'est vainement que l'on cherche à tirer un argument par analogie de l'article 1613 du Code Napoléon,
qui se réfère au cas où soit la faillite, soit la déconfiture
de l'acheteur, vient mettre le vendeur en danger de
perdre le prix. La situation est loin d'être identique. Le
vendeur, en effet, est exposé à perdre à la fois la chose
et le prix ; le bailleur, au contraire, est protégé par la loi

(1) Paris, 16 mars 1840, et Caen, 25 août 1846. Dev. 1847, 2, 433.
(2) Dev. 1860, 1, 17.
(3) Req. 16 décembre 1807. Dev. Coll. nouv. II, 1, 460. Paris, 16 août
1825. Dev. Coll. nouv. VIII, 2, 127.

8

elle-même; il est nanti, et, par conséquent, ne court en réalité aucun risque. Tout en reconnaissant que la faillite altère gravement la solvabilité personnelle du preneur, que le bailleur avait pu prendre en considération, nous pensons donc que le locateur trouve, dans sa qualité même de créancier privilégié, une sécurité suffisante pour qu'on lui refuse le droit de demander soit la résiliation, soit des garanties supplémentaires, alors qu'aucune disposition de nos lois ne l'autorise à le faire.

Il n'en est pas moins vrai que les hésitations comme les hardiesses de la jurisprudence montraient la nécessité de l'intervention du législateur en cette matière. L'étendue du privilége accordé au locateur, au cas de bail ayant date certaine, était généralement l'objet de vives critiq 's : on a pensé que le seul remède possible à cette situation consistait à modifier la loi. Avant d'examiner les dispositions du projet qui a été présenté dans ce but, il n'est pas inutile, pour en bien comprendre la portée, de rappeler brièvement comment on a été conduit à retoucher l'article 2102 1°.

Et d'abord, comme le fait très-bien remarquer l'exposé de motifs du projet de loi, la situation à régler n'est plus ce qu'elle était au commencement de ce siècle. « Depuis l'époque de la promulgation du Code « Napoléon, de nouveaux besoins se sont produits. Les « développements du commerce, la valeur quelquefois « énorme d'une clientèle, la difficulté de la déplacer, « l'intérêt considérable que tel ou tel emplacement peut « présenter, ont amené dans les conditions des locations « que contractent les commerçants, surtout en ce qui « concerne leur durée, une transformation véritable.

« Le bail à courte échéance et à périodes successives,
« au choix respectif des parties, autrefois si habituelle-
« ment en usage, tend de plus en plus à disparaître ; il
« est remplacé par un contrat à long terme, et valable
« jusqu'à son échéance, alors même que, quant au prix,
« la durée totale est divisée en périodes successives.
« C'est le preneur lui-même qui réclame cette modalité
« du contrat; il y trouve, en outre des garanties indi-
« quées plus haut, l'avantage de pouvoir répartir en un
« plus grand nombre d'annuités l'amortissement des
« dépenses de plus en plus considérables qu'entraînent
« l'aménagement des magasins et le luxe qu'on y ap-
« porte. » Ces changements dans les habitudes en matière de locations commerciales ont pour résultat de faire
paraître plus exorbitant encore le droit accordé aux locateurs par l'article 2102 1°. Aussi cet article a-t-il été
en butte à des attaques fort vives, qui ont même pris,
à un certain moment, un caractère d'exagération évidente. Ainsi, on n'a pas craint de prétendre que, grâce
au Code Napoléon, la faillite du locataire devenait un
moyen d'enrichissement pour le bailleur, dont la fortune
était assurée s'il pouvait voir la faillite de deux ou trois
de ses locataires successifs ; puis, empruntant le secours
parfois trompeur de la statistique, on a cherché à ef-
frayer l'opinion par la somme des prélèvements opérés
annuellement à Paris, par les locateurs, sur l'actif des
faillites qui y sont déclarées. Tout cela peut être une tac-
tique habile, qui a contribué à éveiller l'attention du législateur ; mais, si l'on veut préciser les faits et les
examiner froidement, il sera facile de réduire les inconvénients signalés à leurs véritables proportions. Dans la

plupart des cas, la faillite d'un locataire est loin d'être avantageuse pour le bailleur ; s'il y a des exceptions, ce sont des cas très-rares, qui ne frappent qu'à cause de leur rareté même. En effet, les meubles garnissant les magasins (car c'est le plus souvent de magasins qu'il s'agit en cas de faillite), ne sont pas ordinairement suf-fisants pour assurer au locateur le payement de tous les loyers à échoir, si le bail doit encore avoir une longue durée. Sans doute, ces marchandises, gage du proprié-taire, seront parfois le plus clair de l'actif, qu'il sera bien dur pour les autres créanciers de voir absorbé par le locateur. Mais c'est là un résultat qu'ils ont pu facile-ment prévoir lorsqu'ils ont contracté avec le locataire. Ils espéraient sans doute qu'il ne tomberait pas en fail-lite; mais ils n'ignoraient pas que, si ce malheur venait à lui arriver, l'article 2102 1° accordait au locateur un privilége dont l'étendue est bien connue.

Toutefois, on ne peut nier qu'il n'y ait dans le paye-ment immédiat des loyers à échoir quelque chose d'exor-bitant, on serait presque tenté de dire d'injuste. En effet, le locateur ne comptait que sur le payement aux échéances fixées ; par suite de la faillite, il peut se trou-ver avoir le droit d'être payé immédiatement, et il re-çoit ainsi plus qu'il ne lui est dû. C'est là ce qui donne tant d'avantage aux adversaires de l'article 2102 1°, et ce qui a conduit le législateur à proposer de faire subir au privilége du locateur une restriction que l'on aurait probablement attendue longtemps encore, si le texte du Code avait diminué les loyers à percevoir des intérêts mêmes de la somme payée, calculés jusqu'au jour des différentes échéances.

En outre, il faut reconnaître que, si la créance des loyers à venir n'est pas conditionnelle, mais à terme, c'est une créance à terme *sui generis ;* en effet, l'obligation correspondant à cette créance, l'obligation de faire jouir, n'est pas, comme celle du preneur, susceptible d'une exécution immédiate et anticipée; il y a donc encore quelque chose d'exorbitant à faire jouir cette créance du bénéfice de l'exigibilité produite par la faillite.

Aussi, non-seulement les commentateurs et les publicistes, mais les magistrats eux-mêmes chargés d'assurer l'exécution des lois, élevaient-ils la voix pour solliciter l'intervention du législateur. Cet appel a été entendu, et, le 26 décembre 1867, un décret de l'Empereur saisissait le Corps législatif du projet de loi suivant :

« Article unique. L'article 550 du Code de commerce « est modifié ainsi qu'il suit :

« Art. 550. Le privilége établi par l'article 2102, « n° 1, du Code Napoléon, au profit du propriétaire, ne « s'applique, en cas de faillite, lorsque les baux sont au- « thentiques, ou qu'étant sous signature privée, ils ont « une date certaine, au prix du bail des boutiques, ma- « gasins ou autres locaux servant, soit à l'exercice du « commerce ou de l'industrie, soit au logement du failli « dans le même immeuble, que pour les termes échus et « les termes à échoir *pendant deux ans* à partir du terme « qui suit le jugement déclaratif de la faillite; il s'applique « également à l'indemnité due pour réparations locatives, « pour réparations et travaux stipulés au contrat, et, s'il « y a lieu, pour tous dommages-intérêts résultant de l'e- « xécution du bail.

« Les créanciers du failli ont le droit de s'opposer à la

« demande en résiliation qui serait formée par le proprié-
« taire, à la charge par eux :

« 1° De payer les loyers échus ;

« 2° De garnir ou de faire garnir les lieux loués d'effets
« mobiliers suffisants pour garantir le payement du loyer
« pendant une année ;

« 3° De consigner une somme égale au prix du bail
« pendant deux années, et aux indemnités qui pourraient
« être dues pour réparations locatives et pour répara-
« tions et travaux stipulés au contrat.

« La somme ainsi consignée ne pourra être retirée par
« les créanciers, tant que le bail continuera à être exé-
« cuté, et sera affectée, par privilége, à la garantie des
« loyers, indemnités et dommages et intérêts qui pour-
« raient être dus au propriétaire.

« Le privilége et le droit de revendication établis par
« le n° 4 dudit article 2102, au profit du vendeur d'effets
« mobiliers, ne seront pas admis en cas de faillite. »

D'après l'exposé de motifs qui accompagne ce projet,
il « n'a pour but de limiter les garanties dont le proprié-
« taire a besoin, que dans le cas où elles sont excessives
« et où elles donnent non plus seulement les sécurités,
« mais les moyens, soit de réaliser un bénéfice illégitime,
« soit d'imposer, sans nécessité, un mode d'exécution
« excessif et par trop onéreux. » C'est-à-dire que le
législateur veut seulement rendre impossible le retour de
certains scandales que l'exercice du privilége du locateur
a occasionnés dans quelques faillites parisiennes ; aussi
l'article 2102 n° 1 reste-t-il intact, et la modification
que l'on introduit, et qui est une exception toute com-
merciale, est-elle obtenue au moyen d'une adjonction à

l'article 550 du Code de commerce. Peut-être aurait-il été préférable de modifier l'article 2102 lui-même, en profitant de cette occasion pour introduire dans la rédaction de son § 1 une précision qui pourrait faire cesser quelques-unes des nombreuses questions que nous avons examinées ; mais, quoi qu'il en soit, voici en peu de mots l'économie du projet : au cas de faillite, l'étendue de la créance privilégiée se trouve réduite, en ce qui concerne les loyers à échoir, à deux années à partir du jugement déclaratif de faillite ; si le propriétaire, trouvant avantageux de rentrer en possession des lieux loués, demande la résiliation du bail, les créanciers peuvent s'y opposer, et pour cela il leur suffira de payer les loyers échus et de fournir des garanties consistant : 1º dans l'existence d'un mobilier suffisant pour répondre d'une année de loyer ; et 2º dans la consignation d'une somme égale à deux années de loyer, outre l'indemnité qui pourrait être due pour réparations locatives ou travaux stipulés au contrat.

Il est certain que ces dispositions nouvelles amélioreront singulièrement la situation que la jurisprudence avait faite aux créanciers qui, en cas de faillite, se trouvaient en concours avec le propriétaire privilégié. Cependant, on peut se demander s'il n'aurait pas été bon d'aller plus loin encore et de restreindre le privilége, même pour le passé, en punissant ainsi le propriétaire négligent qui a laissé les loyers non payés s'accumuler, à l'insu des autres créanciers, pendant de longues années. De plus, la loi nouvelle va faire naître des difficultés nouvelles, et la jurisprudence aura à résoudre, à propos de la distinction entre les locations ordinaires et les locations commerciales, des questions délicates. Ainsi, par exemple, quel privilège appliquera-t-on quand, au cours d'un bail conclu sous la loi ancienne, le locataire aura transformé en magasins les lieux loués? Le locateur perdra-t-il par cette transformation le privilège de l'article 2102 1°, et se verra-t-il réduit au privilège du futur article 550 du Code de commerce?

On a en outre adressé au projet de loi dont nous nous occupons quelques critiques qui ne sont pas sans fondement. Et d'abord, il ne corrige les conséquences excessives de l'article 2102 1° qu'au cas de faillite, et seulement en ce qui concerne les locations industrielles ou commerciales; mais en dehors de ces cas l'ancien état de choses que tout le monde s'accorde à trouver mauvais se perpétue. La déconfiture étant moins fréquente que la faillite, l'inconvénient peut n'être pas très-grand, mais il n'en existe pas moins. Enfin, malgré la réduction considérable que le projet fait subir au privilège en cas de faillite, il n'en est pas moins difficile de justifier l'exigibilité anticipée des loyers à échoir, quand la somme de ces loyers ne subit point une réduction équivalant à l'*interusurium*.

Quoi qu'il en soit, il ne nous appartient pas d'apprécier la valeur de ces critiques adressées à une loi qui n'est encore qu'à l'état de projet et qui peut être modifiée lors de la discussion; ne l'oublions pas, nous sommes sur les bancs de l'école, et non sur ceux du Corps législatif.

CHAPITRE VII.

De la revendication accordée au locateur.

En droit romain, le locateur avait une hypothèque avec droit de suite sur les meubles du locataire de maison; mais le droit français prohibe les hypothèques sur les meubles, et sans une exception à ce principe que *les meubles n'ont pas de suite par hypothèque*, la situation du bailleur aurait été fort critique. Il a bien un privilége, mais ce privilége est subordonné au nantissement, de sorte que le propriétaire se serait trouvé en quelque sorte à la merci de son locataire, qui aurait toujours pu, en enlevant les meubles des lieux loués, faire disparaître le privilége.

Un pareil état de choses n'était pas admissible : aussi notre ancien droit français accordait-il un certain droit de suite au propriétaire sur les meubles faisant l'objet de son gage, et sur ce point le Code Napoléon n'a fait que suivre l'ancienne pratique.

L'article 2102 1° accorde donc au locateur un privilége qui n'a pas seulement pour effet, comme les priviléges mobiliers en général, de lui donner un droit de préférence sur le prix des meubles qui en sont frappés, mais qui lui permet encore de suivre entre les mains des tiers possesseurs et de revendiquer ceux de ces meubles qui auraient été déplacés sans son consentement. Outre ce droit de suite, le locateur a encore à sa disposition la saisie-gagerie pour empêcher le divertissement de son gage.

Ainsi, les meubles sont-ils encore dans les lieux loués, des loyers sont-ils dûs, et le locateur a-t-il à redouter le déplacement des objets grevés de son privilége, l'article 819 du Code de procédure civile lui permet de procéder par voie de saisie-gagerie, c'est-à-dire de conserver par une voie provisionnelle la possession de son gage jusqu'à ce qu'il ait obtenu un jugement de condamnation contre son débiteur. Comme cette saisie ne conduit pas directement à l'aliénation du gage, et qu'elle est par conséquent peu dangereuse pour le débiteur, les formalités en sont très-simples; ainsi on peut procéder à la saisie-gagerie, sans titre exécutoire, un jour après le commandement, ou même immédiatement, s'il y a urgence, en vertu d'une ordonnance rendue sur requête par le président du tribunal, ou par le juge de paix du lieu de la saisie, toutes les fois que les causes rentrent dans sa compétence (loi du 25 mai 1838, art. 10). Mais pour arriver à la vente des meubles, il faudra avoir recours à la saisie-exécution, et observer toutes les formalités prescrites par les articles 583 et suivants du Code de procédure civile.

Si les meubles ont été déplacés, c'est alors au moyen de la saisie-revendication que le locateur exerce son droit de suite; seulement, comme il a perdu la possession de son gage, qu'il a cessé d'être nanti, la saisie n'est praticable qu'en vertu d'une ordonnance rendue sur requête par le président du tribunal. La présomption, quand il s'agit de meubles, est que le possesseur en est propriétaire; par cette saisie-revendication, qui peut s'exercer contre un tiers possesseur de bonne foi, le locateur vient heurter de front ce principe posé par l'article 2279 du

Code Napoléon, et c'est pour cela que le législateur exige un examen préalable avant de permettre cette saisie, qui n'est, au reste, qu'une revendication de la possession, et n'a pour but que de rétablir les meubles dans les lieux loués, d'où ils avaient été distraits.

Si celui chez qui sont les objets revendiqués refuse de laisser pénétrer l'huissier dans sa demeure, ou s'oppose de quelque manière à la saisie, l'huissier, quoique muni d'une ordonnance l'autorisant à saisir les objets déplacés partout et en quelques mains qu'ils se trouvent, ne pourra pas, comme au cas de saisie-exécution, passer outre en se faisant assister par le juge de paix, le commissaire de police ou le maire; mais il doit préalablement assigner en référé le maître de maison récalcitrant (art. 829 C. pr. c.), et obtenir ainsi une autorisation spéciale à l'effet de procéder, malgré sa résistance, à une visite domiciliaire. Cette autorisation obtenue, la perquisition sera faite en présence du juge de paix, du commissaire de police, du maire ou de l'adjoint (art. 587 C. pr. c. par analogie).

La règle *en fait de meubles possession vaut titre* souffre donc ici une exception qui s'explique par cette idée, que le locataire, en enlevant des lieux loués les meubles qui les garnissaient, se rend pour ainsi dire coupable envers son bailleur d'un vol de possession. Mais cette idée n'est vraie, et l'exception qu'elle justifie n'est admissible, qu'autant que le déplacement a eu lieu sans le consentement du locateur, et ce consentement peut parfois exister implicitement; c'est ce qui a lieu, par exemple, pour les marchandises d'une boutique, pour les récoltes engrangées dans les lieux loués; car en

louant la boutique ou la ferme, le propriétaire savait
bien que les marchandises, les récoltes, étaient destinées à être vendues et enlevées; il a donc par cela seul
consenti au déplacement de ces meubles. Il pourrait se
faire cependant que, malgré la présence et le silence du
propriétaire lors de l'enlèvement des meubles, il n'ait pas
perdu son droit de revendication, si, par exemple, ce silence, au lieu de s'expliquer par un assentiment tacite,
avait bien évidemment une autre cause, comme serait la
terreur que le locataire aurait su lui inspirer. En un mot,
il y a là une question de fait que les tribunaux auront à
apprécier.

Quelque justifiée que soit cette revendication, elle
n'en est pas moins une exception au principe que les
meubles n'ont pas de suite par hypothèque, et cette exception n'est pas sans inconvénients; aussi a-t-on, de tout
temps, senti la nécessité de les diminuer en la renfermant
dans des limites très-étroites. Le Code Napoléon, empruntant cette disposition à notre ancienne pratique
française, accorde au locateur, pour exercer cette revendication, un délai de quinze jours, s'il s'agit de
meubles garnissant une maison, et de quarante jours s'il
s'agit de ceux garnissant une ferme. Cette différence
s'explique par la difficulté plus grande qu'il y a souvent
à surveiller une ferme parfois isolée et presque toujours
éloignée de la résidence habituelle du bailleur.

Quel est le point de départ de ce délai? C'est le jour
même de l'enlèvement; le texte de l'article 2102 1° est
formel; mais doit-on, comme certains auteurs proposent
de le faire, admettre qu'en cas d'enlèvement accompa-
gné de manœuvres frauduleuses destinées à le dissimuler,

le délai ne doit commencer à courir que du jour où le
propriétaire a connaissance de la fraude? Je crois que ce
serait aller trop loin, et étendre au delà de la limite posée par le législateur une faveur dont il a bien compris le
danger. En effet, le privilége du locateur est fondé sur
le nantissement ; dès que les meubles sortent des lieux
loués, son droit devrait, à la rigueur, disparaître avec sa
possession, et il disparaîtrait si le législateur ne lui avait
expressément accordé un délai pendant lequel il peut ex-
ceptionnellement rentrer en possession des meubles distraits. C'est à lui de surveiller son locataire de manière
à pouvoir exercer la revendication en temps utile ; mais,
quelles que soient les circonstances de l'enlèvement, jamais le délai ne peut s'étendre au delà de quinze ou de
quarante jours. En effet, en fixant ce délai, le législateur avait certainement en vue le cas d'un déplacement
frauduleux et clandestin, et s'il a marqué le jour de l'enlèvement comme point de départ du délai, c'est qu'il n'a
pas voulu que l'ignorance, même excusable, du propriétaire pût, en prolongeant indéfiniment ce droit de revendiquer des objets mobiliers dont l'identité pourrait être
très-difficile à prouver, enlever au commerce des meubles
cette sécurité que le principe posé par l'article 2279 du
Code Napoléon doit lui assurer.

Le privilége s'éteindra donc par la perte de la possession, si le bailleur laisse s'écouler sans agir le délai de la
revendication. Toutefois, le droit de revendication ne
donne en aucune façon au bailleur le pouvoir de s'opposer à la vente des objets soumis à son privilége, quand
ils sont saisis à la requête d'autres créanciers (art. 609
C. pr. civ.). Par voie de conséquence, le déplacement

des objets ainsi vendus ne le dépouille point de son privilége. Si, par exemple, le locataire étant en faillite, le syndic a fait vendre les meubles garnissant les lieux loués, sans que le locateur s'y soit opposé, on ne pourrait pas argumenter de ce qu'il a perdu la possession, pour le déclarer déchu de son privilége. Car c'est uniquement dans l'intérêt des créanciers que le syndic a procédé à la vente, et l'on se trouve dans les termes précis de l'article 2102 1°, qui, en déclarant la créance du locateur privilégiée sur le *prix* de tout ce qui garnit la maison louée, suppose une vente, et ne distingue pas suivant que cette vente a été faite par le bailleur lui-même, ou par un administrateur chargé, dans l'intérêt commun des créanciers, de réaliser les biens du débiteur (1).

Le droit de revendication est-il tellement absolu, que le bailleur puisse s'opposer à tout déplacement des meubles garnissants, alors même que, quelques-uns de ces meubles étant enlevés, ceux qui restent dans la maison ou la ferme sont plus que suffisants pour assurer le payement des loyers ou fermages? Pour l'affirmative, on peut dire qu'aux termes mêmes de l'article 2102 1°, le privilége porte sur tous les meubles garnissant la maison, quelque nombreux qu'ils puissent être; que tous sont engagés, et que si l'un quelconque de ces meubles est enlevé, le locateur doit avoir le droit de le faire rentrer dans les lieux loués. Mais, malgré ce que cette argumentation peut avoir de spécieux, cette solution exagère, je crois, la portée du privilége; sans doute, il frappe

(1) Poitiers, 4 mars 1863. Sir. 1861, 2, 31.

sur tous les meubles; mais cependant, si partie du mobilier suffit pour désintéresser complétement le bailleur, il n'a aucun droit sur le reste des meubles. Ce qu'il peut exiger, c'est que le mobilier garnissant soit suffisant pour garantir largement toutes ses créances éventuelles, mais il serait inique de l'autoriser à condamner à l'immobilité tout meuble introduit dans les lieux loués, et dont le déplacement est pour lui sans aucun intérêt (1). Il y a là sans doute une question de fait, et, dans l'appréciation de la valeur du gage laissé au bailleur, les tribunaux devront se montrer favorables à ce dernier. Mais il est des cas nombreux où le mobilier laissé dans les lieux loués offrira très-évidemment une garantie surabondante. Permettre alors à un propriétaire tracassier ou défiant à l'excès de revendiquer un meuble que son locataire a fait sortir de la maison, ce serait méconnaître l'intention du législateur et créer une situation intolérable au locataire, qui ne pourrait même plus se débarrasser de ses vieux meubles; il y aurait là une source de vexations journalières que ne légitime en aucune façon l'intérêt du locateur.

Le droit de revendication accordé au locateur peut, dans les limites posées par la loi, être exercé même contre un tiers de bonne foi. Le texte de l'article 2102 1° ne fait aucune restriction. On peut objecter, il est vrai, que le propriétaire d'un meuble n'a pas le droit de le revendiquer contre un possesseur de bonne foi (art. 2279 C. N.), et qu'il serait étrange que le locateur eût, comme possesseur ou comme créancier du locataire, plus de

(1) Req. rej. 8 décembre 1806. Sir. 1807, 1, 52. Rouen, 30 juin 1846. Sir. 1847, 2, 540. *Contra*: Poitiers, 28 janvier 1819. Dev. Coll. nouv. VI, 2, 15.

droit que ce dernier n'en a lui-même comme propriétaire des meubles dont il s'agit. Cependant notre ancien droit admettait la revendication contre toutes personnes ; et Dumoulin, dans l'apostille sur l'article 125 de la coutume du Bourbonnais, dit que la revendication est opposable *etiam emptoribus bonæ fidei, modo intra breve tempus ;* c'est aussi cette doctrine qui avait prévalu au Châtelet, et qui a été admise par le Code Napoléon. Le propriétaire des meubles n'a pas de droit de suite, tandis que le locateur en a un ; et cela s'explique, parce que le législateur a considéré qu'il y avait dans le déplacement des meubles formant le gage du bailleur, comme une sorte de vol de possession. Aussi est-ce à celui dont le meuble a été volé qu'il faut assimiler le bailleur en cas de déplacement des objets garnissants, et l'article 2280 du Code Napoléon doit lui être appliqué : c'est-à-dire que si les meubles distraits avaient été achetés par un tiers de bonne foi dans un marché, ou d'un négociant vendant des choses pareilles, la revendication n'en serait possible que sauf remboursement du prix payé par l'acquéreur. Même à cette condition, le locateur peut avoir intérêt à obtenir le rétablissement des objets déplacés.

D'un autre côté, si le locataire a engagé dans un mont-de-piété les meubles qui formaient le gage du locateur, celui-ci ne pourra exercer sa revendication qu'à charge par lui de rembourser, tant en principal qu'en intérêts et droits, la somme pour laquelle ils ont été donnés en nantissement. En effet, si des meubles perdus ou volés avaient été ainsi régulièrement engagés dans un mont-de-piété, le propriétaire de ces meubles lui-même ne pourrait les revendiquer qu'à cette condition, qui doit donc être imposée, à plus forte raison, au locateur au préjudice duquel les meubles engagés ont été déplacés (1).

Si les meubles déplacés avaient été introduits dans une autre maison louée, que deviendrait le droit de revendication ? — Il s'exercerait à l'encontre du propriétaire de cette maison, comme à l'encontre d'un acquéreur de bonne foi, tant que l'on serait encore dans le délai légal. Ce délai une fois écoulé, le privilége du premier bailleur n'existe plus, et les meubles qui formaient son gage, et dont il a perdu irrévocablement la possession, se trouvent alors grevés par le privilége du second locateur.

Le droit de revendication n'est que la sanction de l'obligation de garnir les lieux loués, de sorte qu'il disparaît quand l'obligation de garnir vient à cesser. C'est ce qui a lieu dans l'hypothèse suivante : un bail de dix ans a été passé, le premier janvier 1858, entre un propriétaire et un fermier, et une clause du contrat reporte à la fin de la deuxième année le payement du premier des dix termes annuels. Il en résulte que, le 1er janvier 1869, quand le dernier terme viendra à échéance, le bail sera cependant fini depuis une année, c'est-à-dire depuis le 31 décembre 1867. Si, à cette dernière date, le fermier, qui a régulièrement payé les neuf premiers termes

(1) Voy. l'article 76 du règlement du mont-de-piété de Paris, sanctionné par un décret du 8 thermidor an XIII (27 juillet 1805) et une circulaire du Ministre de la justice du 30 mai 1861, qui rappelle que, suivant une règle de notre droit, les objets volés, engagés au mont-de-piété, saisis comme pièces à conviction et revendiqués par leurs propriétaires, ne doivent être rendus à ces derniers que sauf payement préalable des sommes dues à l'administration à laquelle ils ont été donnés en nantissement; req. rej. 28 novembre 1832. Dev. 1833, 1, 402.

annue's, quitte la ferme et enlève les objets qui la garnissent, bien qu'un terme soit encore dû, le locateur ne pourra pas revendiquer les objets enlevés, parce que le bail est expiré, que, par conséquent, l'obligation de garnir les lieux loués ayant cessé, le droit de revendication, qui en est en quelque sorte la sanction, doit cesser en même temps.

Jusqu'ici nous n'avons parlé de la revendication que pour les meubles qui garnissent la maison ou la ferme; le propriétaire peut-il également revendiquer les fruits et récoltes produits par le fonds loué? Ce qui fait naitre la question, c'est la rédaction même de l'article 2102 1°, qui, quand il s'agit d'octroyer le privilége, parle et des objets garnissant les lieux loués et des fruits, et qui, à propos du droit de revendication, ne mentionne plus que les *meubles* qui garnissent la maison ou la ferme. Malgré cette différence de rédaction, comme les récoltes engrangées dans la ferme sont des meubles qui la garnissent, elles peuvent, comme telles, être revendiquées si elles sont frauduleusement enlevées par le fermier. Mais la saisie-revendication ne serait pas admise si les fruits ont été vendus et livrés sans fraude à un acheteur de bonne foi, parce que le bailleur a tacitement consenti d'avance à l'aliénation des fruits, qui, par leur nature, sont destinés à être vendus.

Quant aux fruits de l'année, le privilége les atteint tant qu'ils sont en la possession du fermier, et alors même qu'ils ne sont point engrangés dans les lieux loués; cependant le bailleur peut les revendiquer. Et d'abord, si, après les avoir engrangés dans la ferme, le fermier veut les transporter hors des lieux loués, certainement, dans les quarante jours du déplacement, le propriétaire aura le droit de les revendiquer, car ils sont grevés par le privilége comme fruits de l'année et comme meubles garnissant la ferme ; or, pas de doute qu'en cette dernière qualité ils ne soient dans ce cas sujets à la revendication. Et cette revendication a une utilité, bien que sur les fruits de l'année le privilége survive au déplacement ; car le bailleur, quand les récoltes sont dans les lieux loués, évite les difficultés relatives à la constatation de l'identité des fruits et le danger de la disparition subite de son privilége à l'expiration de l'année. Si c'est immédiatement au moment de la récolte que les fruits sont enlevés des terres louées pour être engrangés hors de la ferme, malgré les termes de la loi, qui ne parle que de la revendication des meubles garnissant la maison ou la ferme, je pense que le locateur a le droit d'agir par revendication pour obtenir l'engrangement des récoltes dans les lieux loués, s'il s'y trouve des locaux convenables. En effet, les récoltes garnissaient les terres du bailleur, qui en était en quelque sorte nanti, et ce cas présente la plus grande analogie avec le précédent. Si le propriétaire laisse s'écouler quarante jours sans revendiquer, il perd le droit de le faire, et est présumé s'être contenté du privilége qu'il a sur les fruits enlevés, en tant que *fruits de la récolte de l'année.*

CHAPITRE VIII.

Quel est le rang du privilége du locateur en cas de conflit avec d'autres créanciers privilégiés.

Nous avons déjà annoncé que le locateur de biens ru-raux avait à compter avec deux priviléges que le n° 1 de l'article 2102 consacre et fait passer avant lui : c'est le privilége accordé pour frais de semences et de récolte et celui pour frais d'ustensiles. Le privilége ac-cordé au vendeur de semences ne doit pas être confondu avec celui que le n° 4 du même article 2102 recon-naît au vendeur d'objets mobiliers non payés. Ce dernier, en effet, n'a privilége sur la chose vendue qu'autant qu'elle existe encore dans le même état. Quand le ven-deur de semences, au contraire, vient exercer son droit, la chose vendue a disparu, elle a été transformée en ré-coltes, et les termes du n° 4 de notre article seraient évi-demment impuissants à lui assurer un privilége. Quant aux frais de récolte, ils comprennent tous les frais faits pour obtenir la récolte : ainsi tout ce qui peut être dû aux labou-reurs, semeurs, moissonneurs, et autres gens employés à la culture. Tous ces ouvriers ont, en effet, contribué par leur travail à faire naître la récolte qui sert de gage au locateur ; en outre, ce dernier sait bien que le fermier ne paye pas ses salaires jour par jour, de même qu'il ne traite pas d'ordinaire au comptant avec son marchand de semences ; il doit donc compter sur une certaine di-minution de son gage, occasionnée par la nécessité de les désintéresser. Enfin, l'intérêt de l'agriculture, que le législateur cherche toujours à protéger, vient encore justifier ce privilége. Il ne faudrait cependant pas l'exagérer, et l'on ne doit pas considérer comme frais de récolte la réparation des instruments aratoires (1). Celui qui a une créance de cette nature est bien privilégié, mais comme réparateur d'ustensiles et sur le prix de ces ustensiles seulement.

Le privilége pour frais de récolte comprend-il la créance du vendeur d'engrais? La jurisprudence, en se fondant sur les termes restrictivement compris de l'article 2102 1°, s'est prononcée pour la négative (2); aussi se trouve-t-elle conduite à restreindre le privilége pour frais de récolte aux sommes dues pour détacher du sol et pour enlever les récoltes (3). Je ne saurais admettre une pareille solution, qui supprime le privilége des frais de labour, qui n'avait jamais été mis en doute (4) dans l'ancien droit, et que les rédacteurs du Code n'ont certainement pas voulu retrancher, puisque les termes par eux employés, entendus dans leur sens naturel, ne l'excluent en aucune façon. Il est possible que certaines des espèces dans lesquelles sont intervenus les arrêts cités fussent peu favorables; je conçois que la cour de Caen ait refusé de privilégier le vendeur de *poudre végétative*, et ait considéré l'emploi de cet engrais, d'une valeur agricole très-contestable, comme une

---

(1) Cas. 12 novembre 1839. Dev. 1839, 1, 916.
(2) Caen, 28 juin 1837. Dev. 1837, 2, 395. Req. rej., 9 novembre 1857. Dev. 1858, 1, 49. Amiens, 2 mai 1863. Dev. 1863, 2, 122. Douai, 21 janvier 1865. Dev. 1865, 2, 237.
(3) Voyez l'arrêt de Douai, 21 janvier 1865, cité à la note précédente.
(4) Limoges, 26 août 1848. Dev. 1849, 2, 321.

expérience dont le locateur n'est nullement tenu de faire
les frais. Mais quand l'utilité, la nécessité des engrais
n'est pas contestée, quand l'usage qu'en a fait le fermier
est conforme aux règles d'une bonne culture, je crois
que c'est méconnaître et la lettre et l'esprit de l'article 2102 1° que de refuser au vendeur d'engrais le privilége accordé aux créances pour frais de semences et
de récolte. Au reste, la grande majorité des auteurs refuse de suivre la jurisprudence dans la voie restrictive
où elle s'est engagée, et voit dans ces mots *frais de récolte* toutes les sommes qu'il a été nécessaire de dépen-
ser pour faire naître et pour recueillir la récolte ; or
l'engrais est pour cela aussi indispensable que le travail
même de la culture, et puisque aujourd'hui l'agriculteur,
afin d'obtenir la juste rémunération de son travail, est
obligé d'augmenter le plus possible la production, et,
pour cela, d'aller chercher hors de sa ferme le supplé-
ment d'engrais dont il a besoin, la nécessité de privilégier la créance du fournisseur d'engrais me semble plus
évidente que jamais.

Quant au privilége relatif aux ustensiles, il comprend
les sommes dues pour acquisition et réparation de tous
les objets servant à l'exploitation du fonds. Ces sommes
seront privilégiées, et payées avant l'exercice du privilége
du locateur, si la créance est née depuis le commencement du bail, ou si, étant née antérieurement, le locateur
a été averti de son existence. Il ne faut pas confondre ce
privilége avec celui du vendeur ; car, d'abord, il n'est
pas, comme ce dernier, restreint au prix de la chose même
vendue ; et, de plus, il comprend non-seulement les
sommes dues pour acquisition, mais encore celles dues

pour réparation et amélioration des ustensiles ; et le motif de cette extension n'est pas uniquement l'intérêt de
l'agriculture, car alors il faudrait traiter avec la même
faveur les vendeurs de bestiaux, mais bien l'usage où
l'on est dans les campagnes d'être toujours en compte
avec les vendeurs et réparateurs du matériel agricole de
la ferme.

Il faut remarquer que ces deux priviléges ont chacun
un objet spécialement déterminé. L'un, celui pour frais
de semences et de récolte, grève uniquement le prix de
la récolte de l'année ; l'autre, celui qui est relatif aux
ustensiles, ne porte que sur le prix de ces ustensiles, et
la Cour de cassation a fort justement cassé un jugement
du tribunal de Joigny qui avait étendu ces priviléges au
delà des termes mêmes de la loi (1).

Ce ne sont point, au reste, les deux seuls priviléges
qui viennent parfois primer le locateur sur le gage spécial qui lui est accordé par l'article 2102 1°. Il a encore, en effet, à compter avec certains priviléges établis
par des lois spéciales auxquelles renvoie l'article 2098
du Code Napoléon, et dont nous devons examiner brièvement les dispositions. Ceux de ces priviléges qui peuvent
primer en totalité ou en partie la créance du locateur
sont : 1° le privilége pour le recouvrement des contributions directes ; 2° celui pour droits et amendes en matière de timbre ; 3° celui pour droits de douanes, et
enfin, 4°, celui pour le recouvrement des contributions
indirectes.

La loi du 11 brumaire an VII (1er novembre 1798)

(1) Cas. 12 novembre 1839. Dev. 1839, 1, 916.

accordait déjà un privilége à l'Etat sur les immeubles des redevables pour une année échue et l'année courante. C'est ce privilége, borné alors à une seule des contributions directes, qui fut étendu par la loi du 12 novembre 1808, dont l'article 1ᵉʳ est ainsi conçu : « Le privi- « lége du Trésor public pour le recouvrement des con- « tributions directes est réglé ainsi qu'il suit, et s'exerce « avant tout autre ; — 1° pour la contribution foncière « de l'année échue et de l'année courante, sur les ré- « coltes, fruits, loyers et revenus des biens immeubles « sujets à la contribution ; — 2° pour l'année échue et « l'année courante des contributions mobilière, des « portes et fenêtres, des patentes, et toute autre contri- « bution directe et personnelle, sur tous les meubles et « autres effets mobiliers appartenant aux redevables, en « quelque lieu qu'ils se trouvent. » La loi divise donc les différentes contributions en deux classes ; dans la première se trouve la contribution foncière ; dans la seconde la contribution mobilière, celle des portes et fenètres, celle des patentes, et toute autre contribution directe et personnelle ; c'est au point de vue des objets grevés par le privilége que cette division a de l'intérêt. En effet, le privilége pour la contribution foncière est particulier sur certains meubles, puisqu'il porte sur les récoltes, fruits, loyers et revenus des immeubles sujets à contribution ; au contraire, le privilége relatif aux autres contributions est général sur les meubles, et s'exerce sur tous les meubles et autres effets mobiliers appartenant aux redevables, en quelque lieu qu'ils se trouvent.

Ce privilége s'exerce *avant tout autre*, et par consé-

quent il prime les priviléges particuliers du locateur et
du créancier gagiste quand ils n'ont pris naissance qu'a-
près celui du Trésor ; seulement, il faut remarquer que
l'objet de ce privilége est tantôt plus, tantôt moins
étendu que celui du locateur ; il est moins étendu en matière de contribution foncière, puisqu'il se trouve restreint aux fruits et récoltes ; il est plus étendu, au contraire, pour les autres contributions directes, car il
s'étend alors à tous les meubles appartenant au redeva-
ble, en quelque lieu qu'ils se trouvent, tandis que celui
du locateur ne grève que ceux de ces meubles qui ont été
introduits dans la maison louée.

Ce rang de préférence accordé à ce privilége a été vivement critiqué par certains commentateurs, et il est,
en effet, difficilement justifiable ; voici comment s'exprime à ce propos M. Troplong : « Il ne faut rien moins
« que la volonté positive de la loi pour assigner à ce
« privilége ce degré de préférence, et le faire passer
« même avant les frais de dernière maladie, même
« avant les frais funéraires !!! comme si, par cette
« odieuse prérogative, le fisc eût envié au malheureux
« les soins rendus à l'humanité souffrante (1) ! » Peut-
être pourrait-on expliquer la faveur toute spéciale de ce
privilége par cette idée, que, l'impôt étant la représenta-
tion des frais faits par l'Etat pour assurer la sécurité et
la tranquillité publique, et par conséquent la conservation de la chose, il doit passer en premier ordre ; et c'est
sans doute cette pensée qui faisait dire à M. de Montes-
quiou, dans un rapport au Corps législatif : « Les biens

(1) Troplong, *des Priviléges et hypothèques*, tome I, no 33.

« que nous possédons n'appartiennent pas à l'Etat ;
« mais nous devons une portion de leur revenu pour
« nous assurer la jouissance du reste (1).

Malgré les termes absolus de la loi du 12 novembre 1808,
nous pensons que le privilége du Trésor pour le recouvrement des contributions directes doit être primé
par les frais de justice ; car, ces frais ayant été avancés
dans l'intérêt du Trésor comme dans celui des autres
créanciers, rien de plus naturel que d'en faire l'objet
d'une sorte de prélèvement. Les articles 657 et 662 du
Code de procédure civile autorisent cette solution.

Quelque exorbitant que ce privilége puisse paraître, il
a cependant été étendu avec tous ses effets au recouvrement des droits et amendes en matière de timbre, par
l'article 76 de la loi de finances du 28 avril 1816 : « Le
« recouvrement des droits de timbre et des amendes de
« contravention y relatives sera poursuivi par voie de
« contrainte;... — En cas de décès des contrevenants,
« lesdits droits et amendes seront dus par leurs succes-
« seurs, et jouiront, soit dans les successions, soit dans
« les faillites ou tous autres cas, du privilége des con-
« tributions directes. »

La régie des douanes a, elle aussi, pour l'exécution
du tarif des droits d'entrée et de sortie dans les relations
de la France avec l'étranger, un privilége sur les meubles des redevables qui la met en conflit avec le privilége
du locateur. Ce privilége de la douane est établi par l'article 22 du titre XIII de la loi des 6-22 août 1791, que
voici : « La régie aura privilége et préférence à tous

---

(1) Cité par Paul Pont, *des Priviléges et hypothèques*, tome I, n° 53.

« créanciers, sur les meubles et effets mobiliers des
« comptables, pour leurs débets, et sur ceux des rede-
« vables, pour les droits, à l'exception des frais de jus-
« tice et autres privilégi.., de ce qui sera dû pour six
« mois du loyer seulement, et sauf aussi la revendica-
« tion, dûment formée par les propriétaires, des mar-
« chandises en nature qui seront encore sous balle et
« sous corde... » Une autre loi du 4 germinal an II
(24 mars 1794), relative au commerce maritime et aux
douanes, est venue confirmer ce privilége en ces termes :
« La République est préférée à tous créanciers, pour
« droits, confiscation, amende et restitution, et avec
« contrainte par corps (titre VI, article 4). »

Ces textes établissaient deux priviléges, l'un sur les
biens des comptables, et l'autre sur les biens des redevables. Le premier a été supprimé par la loi du 5 septembre 1807; et l'on a même soutenu que le second, le
privilége sur les biens des redevables, avait eu le même
sort; pour arriver à cette solution, on faisait remarquer
que la loi du 11 brumaire an VII (1 novembre 1798),
par ses articles 21 et 22, qui se bornent à accorder une
hypothèque légale à la nation sur les meubles de ses
comptables, avait abrogé le privilége conféré à la douane
par les lois que nous venons de citer; on ajoutait que la
loi du 5 septembre 1807, en ne restituant à la régie que
le privilége sur les biens des comptables, avait consacré
l'abolition du privilége sur les biens des redevables; mais
cette opinion est aujourd'hui abandonnée, et l'existence
du privilége de la douane, formellement reconnu par la
loi de finances du 28 août 1816 (douanes, art. 58),
n'est plus contestée. Ce privilége frappe la généralité des

biens mobiliers des redevables et de leurs cautions soli-
daires (1); en vain a-t-on essayé de le restreindre aux
seules marchandises soumises à l'impôt; ce système, ma-
nifestement contredit par les termes des lois constitu-
tives du privilége, a été repoussé par la jurisprudence (2).

Quel est le rang de ce privilége des douanes? La loi
du 4 germinal an II (tit. VI, art. 4), qui déclare que
« la République est préférée à tous créanciers, pour
« droits, confiscation, amende et restitution, » a-t-elle
abrogé l'article 22 de la loi des 6-22 août 1791, d'après
lequel le privilége de la régie des douanes est primé par
les frais de justice et autres privilégiés, et les loyers de
six mois? Je ne le pense pas; en effet, la loi du 4 germinal an II est relative au commerce maritime; elle rappelle seulement le privilége concédé par la loi de 1791,
et elle le fait d'une manière si rapide et si équivoque, qu'il
est impossible de voir dans son texte l'intention de modifier la législation existante sur ce point, et de supprimer
les réserves faites en faveur de certains privilégiés par la
loi de 1791.

Ces réserves portent d'abord sur les frais de justice et
autres privilégiés; par ces derniers mots, il faut entendre les créances qui, dans notre ancien droit, étaient,
comme les frais de justice, garanties par un privilége
général sur les meubles; ainsi les frais funéraires, les
frais de dernière maladie, et, dans de certaines limites,
les gages des gens de service. Le privilége de la douane

(1) Req. rej. 12 décembre 1822. Sir. 1823, 1, 164.
(2) Req. rej. 14 décembre 1824. Sir. 1825, 1, 207. Rouen, 7 juin 1817.
Dev. Coll. nouv. V, 288.

se trouve donc primé d'abord par tous les priviléges généraux de l'article 2101 du Code Napoléon, et ensuite par le privilége du locateur, qui passe avant la régie, mais pour six mois de loyer seulement.

La régie des contributions indirectes a aussi, sur la totalité des meubles et effets mobiliers des redevables, un privilége pour le recouvrement des droits dus ; il est établi par l'article 47 du décret du 1er germinal an XIII, ainsi conçu : « La régie aura privilége et préférence à « tous les créanciers, sur les meubles et effets mobiliers « des comptables pour leurs débets, et sur ceux des re· « devables pour les droits, à l'exception des frais de jus· « tice, de ce qui sera dû pour six mois de loyer seule- « ment, et sauf aussi la revendication dûment formée « par les propriétaires des marchandises en nature qui « seront encore sous balle et sous corde. »

Deux priviléges sont établis par ce texte : l'un pour les droits dus par les redevables, l'autre pour le débet des comptables. Ce dernier a été modifié par la loi du 5 septembre 1807 ; mais, malgré un arrêt de la Cour de cassation du 27 février 1833 (1), qui a déclaré que l'exception insérée dans l'article 47 du décret du 1er germinal an XIII, limitant l'exercice du privilége du proprié· taire à six mois de loyer, avait été abrogée par cette loi de 1807, il est certain que cette exception subsiste, et c'est ce que la même Cour, abandonnant la doctrine de l'arrêt que nous venons de rappeler, a elle-même reconnu (2).

(1) Dev. 1833, 1, 289.
(2) Req. rej. 11 mars 1835. Dev. 1835, 1, 270. Cas. 28 août 1837. Dev. 1838, 1, 133. Cas. 18 février 1840. Dev. 1840, 1, 327.

Ce privilége, comme celui des douanes, avec lequel il
a la plus grande analogie, s'étend au mobilier des cautions des redevables; seulement, le rang qui lui est assi-
gné n'est pas absolument le même que celui du privilége
accordé à l'Etat pour les droits de douane; en effet, tandis que ce dernier passe après tous les priviléges généraux de l'article 2101 du Code Napoléon, le privilége de
la régie des contributions indirectes n'est primé que
par les frais de justice et par la somme due pour six
mois de loyers. Cette différence et certaines anomalies
que l'on remarque dans ces matières spéciales tiennent à
ce que ces différents priviléges ont été établis successivement et sans aucune vue d'ensemble.

Il nous reste maintenant à déterminer le rang que doit
occuper le privilége du bailleur par rapport aux autres
priviléges avec lesquels il peut se trouver en conflit.
Nous avons déjà examiné une question de ce genre à
propos de la lutte qui peut s'engager entre deux locateurs successifs; dans ce cas, le premier prime le second
tant que son privilége subsiste malgré le dessaisissement,
c'est-à-dire s'il exerce la revendication dans les délais.

Le locateur peut avoir à lutter avec un certain nombre des créanciers privilégiés énumérés par l'art. 2102;
ainsi, sur les fruits de la récolte de l'année, le bailleur
pourra se trouver en concours avec ceux auxquels des sommes sont dues pour semences et frais de récolte, avec celui
qui aura conservé la récolte, avec celui, enfin, qui aura
avancé l'argent nécessaire pour la saisir, la faire vendre
et distribuer le prix provenant de cette vente. Voici quel
serait, dans cette hypothèse, l'ordre de ces différentes
créances privilégiées :

1° Les frais de justice;

2° La créance de celui qui a conservé la récolte et a ainsi sauvé le gage commun de tous les créanciers;

3° La créance des ouvriers qui ont travaillé à la récolte de l'année;

4° Celle du vendeur de semences, qui passe après celle des ouvriers employés à la récolte, puisqu'ils ont en quelque sorte créé son gage ou tout au moins l'ont empêché de périr;

5° Enfin, la créance du locateur. S'il était dû, en outre, des contributions directes échues antérieurement à la location, la créance privilégiée de la régie se trouverait colloquée immédiatement après les frais de justice.

Sur les meubles garnissant la maison ou la ferme, le concours peut avoir lieu entre le locateur, le conservateur des meubles et le vendeur non payé. Ces créances seront payées sur le prix dans l'ordre suivant :

1° Les frais de justice;

2° Les frais faits pour la conservation des meubles, pourvu qu'ils aient été faits postérieurement à l'introduction des meubles dans les lieux loués; car alors ils ont conservé le gage du bailleur, et ceux qui les ont faits doivent être payés avant la créance de loyer, dont ils ont contribué à garantir le payement;

3° La créance du locateur;

4° Celle du vendeur non payé; la loi elle-même, dans le n° 4 de l'article 2102, a tranché le conflit entre le locateur et le vendeur, et elle l'a fait au profit du locateur, qui prime le vendeur, à moins qu'il n'ait su que le meuble introduit dans les lieux loués n'était point payé.

Au lieu d'un vendeur de meubles ordinaires, s'il s'agissait d'un vendeur d'ustensiles servant à l'exploitation d'une ferme, sa créance prendrait rang immédiatement après les frais de justice, et primerait par conséquent le locateur.

Si nous supposons qu'outre les créanciers que nous venons de mettre en concours, la régie des contributions indirectes réclame une certaine somme au locataire pour droits dus, à quel rang devrons-nous placer le privilége de la régie ? D'après le texte de l'article 47 du décret du 1ᵉʳ germinal an XIII, il prime toutes autres créances, à l'exception de celles pour frais de justice et pour six mois de loyer ; mais le privilége du locateur peut, comme dans l'espèce, ne pas venir immédiatement après les frais de justice ; la présence de la régie des contributions indirectes produira donc ce singulier résultat, de permettre au locateur de passer, pour six mois de loyer, avant certains créanciers privilégiés qui le primeraient sans cette circonstance. Pour que les autres créanciers ne souffrent pas de cette anomalie, certains commentateurs ont pensé que l'on devrait, dans ce cas, colloquer immédiatement après les frais de justice la régie, qui céderait son droit au locateur jusqu'à concurrence de six mois de loyer, et viendrait ensuite, par subrogation, au rang ordinaire de la créance du locateur, s'indemniser de la somme qu'elle aurait ainsi versée entre ses mains. Cette combinaison, ayant pour résultat de faire subir à la régie une éviction qui n'était certainement pas dans la pensée du législateur de l'an XIII, a, je crois, peu de chance d'être admise dans la pratique. On voit par cet exemple combien il est parfois difficile de combiner avec les règles de notre droit civil les prescriptions des lois successivement promulguées en faveur du Trésor public.

Jusqu'ici nous n'avons mis le locateur en concours qu'avec les créanciers privilégiés sur certains meubles (art. 2102), ou avec celui qui a avancé les frais de justice, et auquel personne ne conteste le premier rang ; mais le locateur peut encore se trouver en conflit avec les autres priviléges généraux de l'article 2101. Ces priviléges généraux passent-ils avant les priviléges spéciaux ? Pour l'affirmative, on peut invoquer l'ordre même des articles. Cependant, dans notre ancien droit, ce n'était point là la solution admise, et, bien que tous les auteurs eussent l'habitude de commencer aussi leur exposition par les priviléges généraux, cependant les priviléges spéciaux du vendeur d'effets mobiliers, du créancier gagiste, de l'aubergiste et du voiturier, primaient les priviléges généraux des gens de service et des fournisseurs de subsistances. Le rang du privilége du locateur était, il est vrai, l'objet de controverses entre les commentateurs ; mais il est bien certain néanmoins que les priviléges généraux ne primaient pas nécessairement les priviléges spéciaux.

Le Code Napoléon a-t-il voulu rompre avec ces traditions de l'ancien droit et consacrer le système contraire (1) ? Ceux qui le soutiennent trouvent, dans la

(1) On peut voir, pour l'affirmative, les arrêts suivants : Limoges, 15 juillet 1813, Dev. coll. nouv. t. IV, 2, 312. Rouen, 12 mai 1828, Dev. coll. nouv. t. IX, 2, 79. Poitiers, 30 juillet 1830, Dev. coll. nouv. t. IX, 2, 178. Rouen, 30 janvier 1851, Dev. 1851, 2, 281. Bordeaux, 12 avril 1853, Dev. 1853, 2, 411. Contra : Cas. 20 mars 1849, Dev. 1850, 1, 106. Douai, 21 janvier 1865, Dev. 1865, 2, 237.

généralité même de ces priviléges et dans la faveur qu'ils
méritent, un motif suffisant pour leur donner la priorité.
Mais il ne faut pas s'exagérer la valeur de cet argument;
les priviléges généraux ne sont tels que parce qu'il n'existe
en réalité aucun objet sur lequel ils puissent avoir une
assiette particulière, et qu'ainsi de toute nécessité ils
doivent frapper sur l'ensemble des biens du débiteur.
La généralité n'est donc pas par elle-même une marque
de faveur particulière, et, si l'on remonte aux motifs des
priviléges, ceux des priviléges spéciaux sont tout aussi
favorables que ceux des priviléges généraux. Si le fournisseur de subsistances a procuré des vivres au débiteur,
le locateur lui a fourni le couvert, qui ne lui était guère
moins nécessaire. Enfin, on peut remarquer que, les priviléges généraux de l'article 2101 s'exerçant sur les immeubles en cas d'insuffisance des meubles qui leur sont
affectés (art. 2106), il n'y a pas grand inconvénient à
faire passer devant eux les priviléges spéciaux. Les créanciers spécialement privilégiés sur les immeubles souffri-
ront seuls de ce mode de classement; mais il arrivera
bien rarement qu'il en résulte pour eux un grave préjudice, car le prélèvement qu'ils pourront avoir à subir,
par application de l'article 2106, sera d'ordinaire insi-
gnifiant en comparaison de la valeur des immeubles qui
leur servent de gage. Il ne faut pas oublier, au reste,
que le système qui assure toujours la priorité aux priviléges généraux a pour résultat de favoriser les privilégiés
spéciaux sur les immeubles au détriment des créanciers
privilégiés sur certains meubles ; or aucun motif sérieux
ne peut être allégué pour justifier une semblable faveur.
Au reste, l'article 662 du Code de procédure civile, qui

fait passer le locateur avant les frais de justice dont il n'a pas profité, montre bien que le privilége général ne prime pas nécessairement le spécial, mais que le classement doit être opéré en prenant en considération la faveur particulière qui s'attache à chacune des créances privilégiées.

D'après ce principe, le privilége du locateur sur les meubles dont il est en quelque sorte nanti primera tous les priviléges généraux, à l'exception seulement : 1º des frais funéraires, l'enlèvement du cadavre étant d'une utilité d'ordre public bien évidente; et 2º des frais de justice qu'il a fallu avancer, dans l'intérêt de tous, pour saisir la chose grevée et la transformer en prix.

L'article 662 du Code de procédure civile, d'après lequel le privilége du locateur prime le privilége accordé pour frais de poursuite, semble combattre la solution que nous venons de donner. Mais la règle qu'il trace ne s'applique qu'aux frais qui sont inutiles au locateur, à cause de la situation spéciale qui lui est faite ; tous ceux, au contraire, dont il doit profiter, doivent être colloqués avant sa créance pour loyers. Ce principe est généralement admis; mais c'est sur son application que la controverse s'élève, et notamment sur le point de savoir si le privilége du bailleur doit passer avant les frais de scellés et d'inventaire. Ces frais sont des frais de justice, et doivent être privilégiés; mais ils ne peuvent pas primer les créanciers qui, comme le créancier gagiste, le voiturier, sont en possession de la chose grevée par leur privilége, et n'ont eu besoin, pour le conserver, ni d'une apposition de scellés ni de la confection d'un inventaire.

Que décider à l'égard du bailleur? Devra-t-il être col-
loqué avant ou après les créanciers pour frais de scellés
et d'inventaire? Les auteurs et la jurisprudence sont di-
visés sur ce point, et trois systèmes sont proposés : les
deux premiers sont radicaux, et font toujours passer le
bailleur l'un le premier, l'autre le second ; le dernier sys·
tème considère la solution de la question comme devant
varier suivant les circonstances (1). C'est celui que nous
adoptons. Il revient à dire que le bailleur sera primé par
les frais de scellés et d'inventaire toutes les fois que ces
frais lui auront été de quelque utilité. Le bailleur étant
nanti et ayant à sa disposition une voie spéciale pour assurer la conservation de son gage, l'utilité dont nous
parlons n'apparaît pas tout d'abord; mais il ne faut pas
oublier que c'est là un gage *sui generis*, puisque les
meubles engagés sont aux mains du débiteur, et que,
par conséquent, les actes conservatoires peuvent être
utiles au locateur. Il a, sans doute, à sa disposition la
saisie-gagerie ; mais, s'il n'a pas usé de cette voie spéciale avant l'apposition des scellés et la rédaction de l'inventaire, il profitera de ces formalités, dont les frais
devront passer avant sa créance pour loyer. Il y a donc
là en réalité une question de fait; et si, par exemple, le
bailleur avait déjà procédé à des actes conservatoires, à
une saisie-gagerie, avant l'apposition des scellés, le
créancier pour les frais de cette opération, qui n'a pas eu
pour objet la conservation des droits du propriétaire
locateur, ne devrait pas primer la créance pour loyer.

(1) Lyon, 27 mars 1821. Sir. 1826, 2, 51. Lyon, 1er avril 1811. Dev. 1811,
2, 311. Lyon, 17 mars 1816. Dev. 1816. 2, 138. Riom. 21 août 1863. Dev.
1861, 2, 65.

POSITIONS

DROIT ROMAIN.

I. — Il n'y a jamais eu d'interdit quasi-salvien au profit de tout créancier hypothécaire.

II. — L'interdit salvien présentait des avantages particuliers au locateur, alors même qu'il pouvait user de l'action servienne.

III. — L'interdit salvien n'était qu'un moyen provisoire, n'ayant trait qu'à la possession, sauf débat ultérieur sur le fond du droit par la voie de l'action servienne.

IV. — Pour arriver à la conciliation des lois 2 *de Salviano interdicto*, et 10 *de Pignoribus et hypothecis*, il faut corriger le texte de la loi 10, et y substituer le mot *salviano* au mot *serviana*. Cette correction peut être justifiée.

DROIT CIVIL.

V. — Les meubles même non apparents garnissent la maison, et sont, par conséquent, frappés par le privilége du locateur.

VI. — Le privilége n'existe pas pour les avances faites par le locateur à son fermier dans le cours du bail.

VII. — Le preneur qui cède son bail ne jouit pas, pour le prix de la cession, du privilége établi par l'article 2102 1°.

VIII. — Le colonage partiaire, malgré les rapports qu'il peut avoir avec le contrat de société, est une sorte de bail : en conséquence, le bailleur jouit, pour l'exécution des obligations imposées au colon partiaire, du privilége établi par l'article 2102 1°.

IX. — Au cas de bail sans date certaine, l'année courante et l'année qui suit sont privilégiées.

X. — Lorsqu'après l'expiration d'un bail ayant date certaine il y a eu tacite reconduction, le privilége doit être restreint comme au cas de bail sans date certaine.

XI. — Les créanciers ont le droit de relouer la maison ou la ferme, alors même que le bail interdit la sous-location, si le locateur a exercé son privilége.

XII. — Si, malgré la clause qui interdit la sous-location, les créanciers veulent faire leur profit du restant du bail, ils doivent payer par avance la totalité des loyers à échoir.

XIII. — Les créanciers ont le droit de borner leur
relocation au temps correspondant aux loyers que le
bailleur aura reçus par privilége sur le prix des objets
constituant son gage.

XIV. — Le sous-locataire peut invoquer contre le
bailleur originaire les quittances sous seing privé et
sans date certaine que lui a délivrées le preneur principal.

XV. — Le privilége relatif aux sommes dues pour
frais de récolte s'applique aux frais de labour et au prix
des engrais employés par le fermier.

XVI. — Le privilége pour frais de récolte ne saurait
être étendu au prix des futailles fournies au vigneron
pour loger sa récolte de vins ; le vendeur, dans ce cas,
n'a privilége que sur les fûts eux-mêmes.

XVII. — En l'absence de toute disposition réglant la
préférence à établir entre les priviléges généraux et les
priviléges spéciaux sur certains meubles, cette préférence doit être déterminée par les différentes qualités des
créances privilégiées.

XVIII. — Les frais de scellés et d'inventaire ne pri-
ment la créance du locateur qu'autant que ces frais ont
été pour lui de quelque utilité.

PROCÉDURE CIVILE.

XIX. — Celui qui a cessé d'être propriétaire ou locataire principal, n'a plus le droit de former une saisie-

gagerie pour loyers échus, soit avant l'aliénation de l'immeuble loué, soit avant la cessation du bail principal.

XX. — Le locateur ne peut pas saisir-revendiquer les meubles enlevés par le locataire des lieux loués, quand, malgré cet enlèvement, la valeur du mobilier continuant à garnir la maison est suffisante pour garantir le payement des loyers échus et à échoir.

XXI. — Le bailleur peut saisir-revendiquer les fruits produits par le fonds loué, quand ils sont frauduleusement déplacés sans son consentement.

DROIT COMMERCIAL.

XXII. — Le jugement déclaratif de faillite rend exigible la créance du bailleur pour les loyers à échoir.

XXIII. — L'exigibilité anticipée des loyers à échoir résultant de la faillite ne donne pas au bailleur le droit de poursuivre son payement sur les biens grevés par le privilège.

XXIV. — La faillite du locataire ne résout pas le bail.

XXV. — La faillite du locataire ne donne pas au bailleur le droit de demander des garanties supplémentaires.

XXVI. — Le bailleur n'a pas le droit d'exercer son privilège si, les termes du bail permettant la sous-location, les meubles du locataire failli sont vendus en bloc au cessionnaire du bail, qui les laisse dans les lieux loués.

DROIT PÉNAL.—INSTRUCTION CRIMINELLE.

XXVII. — Le détournement opéré par le locataire des meubles garnissant les lieux loués ne constitue un délit que dans le cas où ils avaient été préalablement sai-sis par le bailleur.

XXVIII. — L'enlèvement par un tiers, auquel le lo-cataire en a donné l'ordre, des meubles sur lui saisis pour le payement de ses loyers, constitue le délit puni par le §3 de l'article 400 du Code pénal ; ce fait, même lorsqu'il aurait eu lieu avec effraction ou escalade de la part du tiers, ne saurait être considéré comme consti-tuant un vol qualifié.

XXIX. — La femme qui détourne seule et sans le concours du mari locataire les meubles sur lui saisis par le bailleur, commet le délit de vol; mais elle peut dans ce cas, invoquer, malgré la saisie, le bénéfice de l'article 380 du Code pénal.

XXX. — Lorsque la cour d'assises renvoie le juge-ment d'une affaire à la session suivante, elle le a droit d'ordonner la mise en liberté provisoire sous caution de l'accusé pendant l'intervalle des deux sessions.

DROIT ADMINISTRATIF.

XXXI.— Le privilége accordé à l'Etat, pour le recou-vrement des contributions directes, par l'article 1 de la loi du 12 novembre 1808, prime le privilége du locateur et celui du créancier gagiste, quand ils n'ont pris naissance qu'après celui du Trésor.

XXXII. — Malgré les termes absolus de l'article 1 de la loi du 12 novembre 1808, le privilége qu'elle accorde au Trésor est primé par celui des frais de justice.

XXXIII. — C'est le jury d'expropriation, et non le conseil de préfecture, qui doit fixer le montant de l'indemnité due au propriétaire pour la parcelle de terrain que lui enlève l'alignement.

XXXIV. — Le conseil de préfecture est compétent pour connaître de l'estimation des dommages permanents causés par les travaux publics.

XXXV. — Le président du tribunal civil est incompétent pour statuer en référé, quand il s'agit de contestations appartenant au conseil de préfecture, en vertu de la loi du 28 pluviôse an VIII.

Vu :

Pour M. le Doyen empêché :

Le Professeur le plus ancien, délégué,

A. LAPLACE.

Vu et permis d'imprimer :

Le Recteur,

L. MONTY.

(406) Dijon, Imp. J. MARCHAND, rue des Godrans, 41.

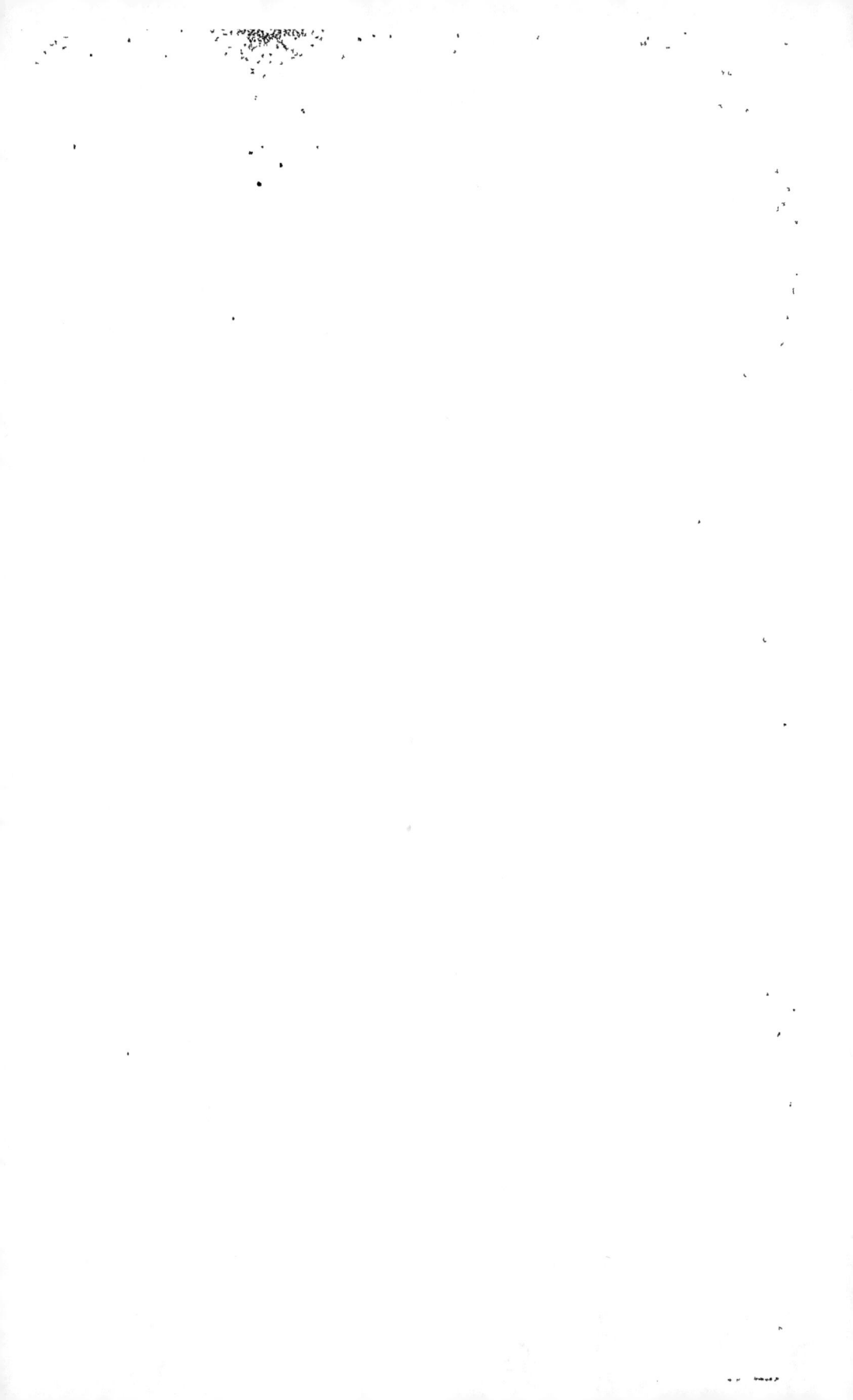

www.ingramcontent.com/pod-product-compliance
Lightning Source LLC
Chambersburg PA
CBHW071911200326
41519CB00016B/4569